広島怪談

岡 利昌

竹書房
怪談
文庫

※本書に登場する人物名は、様々な事情を考慮して一部の例外を除きすべて仮名にしてあります。また、作中に登場する体験者の記憶と体験当時の世相を鑑み、極力当時の様相を再現するよう心がけています。現代においては若干耳慣れない言葉・表記が登場する場合がありますが、これらは差別・侮蔑を意図する考えに基づくものではありません。

まえがき

数あるジャンルの中で「怪談」は不遇な立場だと私は思う。

「普段から本を読む。ただし、怖いもの以外」と言う方は周りにも多いはず。

夏の風物詩である怖い話も、私が幼少期の頃はテレビでよく放送されていたが、現在では「苦手な人もいるのに配慮が足りない」「子供のトラウマになったらどうする」「CMで恐怖シーンを流すな」と批判され、腫れもの扱いされることもあるらしい。

それでも一定数の怪談好きは存在し、何とかジャンルとして保っている。

仮に作家を目指す人がいるとして、どんな作家になりたいかと問われれば、大抵がミステリー、恋愛、SF、ファンタジー、時代物などと答える。かくいう私も、当初は怖い話など一切書いていなかった。

では怪談は必要ないのか、時代に合わず見捨てられる存在かと問われれば「違う」と否定したい。

例えば料理の中には「辛いもの」があるが、味を認識する五感の中に「辛味」は存在せず、それは「痛覚」なのだそうだ。けれど一定数の人間は辛いものが好きで、存在しない辛味の中から旨味を見出す。

遊園地のアトラクションの中には「絶叫系」と呼ばれるものがあり、それを目当てに来園する人も一定数いる。わざわざ怖い体験をすると事前に分かっておきながら、刺激を求めて自ら飛び込んでいくのだ。

一見、必要のなさそうなものでも実は重要な役割を果たしている物事は多く、怪談もエンターテインメントの世界において大きな意味を担っていると私は信じている。

では、いかにして読者層を広げられるか。

実話怪談の感想で耳にするのが「本当に実話？　作り話でしょう？」という言葉。

しかし書き手としては、嘘をついてまで実話と明言する必要はない。体験したこと、見聞きしたことを綴っているだけだ。それを信じるか否かは読者に委ねられている。だが、同じようなことが自分にも降りかかるかもしれないと不安を覚えた読者が、いや、そんなことは起きないと思い込みたい一心で、「作り話でしょう？」という感想に繋げている可能性は高いと思っている。

作家は、いかにして自身の作品を多くの人に楽しんでもらえるかを日々懊悩《おうのう》する。

とある学者の研究によると、恐怖と楽しさの関係をグラフにした場合、U字を逆さまにしたような形になることが判明したという。

恐怖刺激が足りないと楽しいと感じられない。だが、怖すぎても楽しいと感じられない。つまり恐怖から楽しさを感じるには、退屈すぎず怖すぎない、適度な恐怖感が必要だということだ。

結果、矮小な私が足らない頭で考え抜いた答えが今作『広島怪談』である。

過去、世に出すことを禁止された「曰く付き」の実話を特別に収録させていただいた。

実験的な試みであるため、書き終えた今でも不安な気持ちは強い。だが今回の決断は間違っていないと私は信じている。

著者

目次

広島地下の闇

闇の中、微かに水滴の落ちる音が聞こえた。繁華街の中心だというのに、まるで洞窟に置き去りにされたような錯覚を覚える。

作業用ヘルメットに装着させたLEDライトを点け、辺りを照らす。かなりの広さだが、部屋には何も置かれていない。中央の、ただ一点を除いて。

眉根を寄せながら中央へ近づこうとした瞬間、後ろから肩を掴まれた。

「作業を進めてください」

圧を感じ、思わず「すみません」と謝った。

監視されながら仕事を行っている最中も、今見たものが気になって仕方がない。

それは侵入者を阻むフェンスに、巨大な白蛇の如く巻かれた「注連縄《しめなわ》」だった。

何故そんなものがこの空間に？　あれでは、まるで……。

まるで何かを封じている、〈結界〉のようではないか。

ここは戦前から存在する有名デパートの地下三階。

本来、一般人はおろか従業員にさえ存在を隠されている場所――。


二〇二二年、一月二日。何げなく購入した雑誌に「事故物件」の特集記事が載っていた。昨年の流行語大賞にこそノミネートされなかったが、よく見かけたキーワードのように思う。

実際に私も何度か事故物件、心霊スポットに足を運んでいるため、記事を読んでいると不思議な親近感を覚える。そして、全国にはまだまだ恐ろしい場所があるなと感心してしまう。

炬燵《こたつ》を囲み、私の向かいでスマホを操作している兄に聞いてみた。

「事故物件みたいな、危険な建物の工事に入ったことってある？」

兄は配管設備工事の会社を興しており、一般では入れない現場にも入っている。

「そうだな……心霊とは違うけど、まぁ、何個かあるよ」

あまり思い出したくない感じで、兄は言う。

「広島市内にある、Ｆの話だけどさ」

広島市中区の一大繁華街にＦはあった。歴史ある百貨店で、地下一階の食品街からブティック、雑貨店、レストランや美容室までもが備わっている。

「あの建物、実は地下四階まである」

突拍子もない内容に、私は「そんな馬鹿な」と鼻で笑う。

「数年前の夏、Ｆの地下二階の配管工事を請け負った。その段階で、地下二階なんてあったのかと思ったけどさ。何より不思議なのは、先方から作業員二名までと制限されたことだった」

設備の仕事を知らない私でも、人手が少なすぎることは分かった。だが、お客様の迷惑にならないための配慮なのだろうとも思った。

「いや、それなら客のいない営業時間外に工事を頼めばいい。わざわざ営業中に、作業員も二名だけ、挙げ句の果てに作業は一日で終わらせろとか言い始めてさ」

それは何というか……かなり無茶な話だ。それでも兄は無下にはせず、まずは現場を見せてくれるよう頼んだと言う。

「打ち合わせ当日、俺と仕事仲間のMは従業員事務所で図面を見せてもらった。工事を行う経路を頭に叩き込むために。すると、おかしな点に気づいた。何か分かるか？」

先が気になるので、私は深く考えないまま「分からない」と答える。

「経路が地下二階の図面から、はみ出していたんだよ」

なるほど、それで地下三階の存在に気づいた訳か。

「そういうこと。だからFの担当者に聞いてみた。この建物、さらに地下がありますよねと」

訊ねられた担当者は「え？」と言って目を丸くさせたらしい。

「す、すぐに確認を取ってまいります。少々お待ちください」

「とりあえず現場を見させてください」

急いで席を立つ担当者。そのまま待っていても時間が勿体ないと思い、兄たちは実際に工事を行う現場へ向かってみることにした。

「推測が確信に変わったよ、間違いなくまだ奥があるってな。そうこうしていると、担当者が上司らしき人物を連れて戻ってきた」

「ここは私が受け持つので、君は持ち場へ」「分かりました」二人は、そんなやり取りを行ったらしい。

「彼は『何か問題でもありますか？』と白々しい態度でさ。だからこちらも配管元を修理しなければ、またすぐ工事をやらなきゃならない状態になる。我々も職人として中途半端なことはしたくないと伝えた」

信用に関わる問題なので、当然だろう。

「地下三階ありますよね、と改めて聞いた。相手は少し間を置いてから『……ええ』と答えたよ」

「地下三階については、上層部でも僅かな者しか知らないらしくて。もし現場へ足を運ぶなら、監視役を付けさせてほしいと言われた。さらには他言無用、何か予期せぬ事態が起こったとしても一切の責任は取らない、と」

脅しの意味も含まれていたのかもしれない。そう伝えると兄は「だよな」と頷く。

「結局、仕事は受けたが……仕事仲間から文句を言われたよ。何で受けたんスかってさ。そいつには、一度受けた仕事は最後までやり通さないといけないからと答えたけど……まっ、半分は興味本位かな。だって従業員にも明かされていない場所だぞ？　こんな機会でもなければ、一生お目にかかれないだろうし。まぁ、過去に色々あってトラウマになっているのかもしれないが」

過去に色々？　それは初耳だった。兄のトラウマになるほどの出来事とはいったい何だったのだろう。

「これも話してはいけないのかもしれないが……まぁ、誓約書を交わした訳でもないし、別にいいよな」

そんな前ふりをしてから、兄は話を始める。

「数年前、駅の再開発が急激に進められている最中の出来事だった。かなり大掛かりな工事で、幾つもの大手建設会社が一堂に会していた。完成まで長期間に亘るから、報酬も良くてさ。暗い内から車で出発して、眠たい目をこすりながら仕事することもないし、何より地元を代表する建造物に少しでも自分の手が加えられるのが誇らしくもあった」

その気持ちは分かる。自分が亡くなった後も、生きた証しが残せるのは羨ましい。

「だが、俺たちが入っていた現場は工事ができなくなった」

何でだと思うかと訊ねられ、私は「遺体でも出てきたとか……」と答える。

兄は真顔のまま首を振った。

「違う。地下から放射能が検出されたんだよ」

あっ、と思わず声をあげてしまう。幼い頃から学んだ原爆の映像が脳裏に浮かぶ。

「被爆から七十年以上経過した今でも、戦争という忌まわしい名残は息づいている。本当に恐ろしいと思うよ。現場の人間も身体に異変が起こらないか慌てていた」

この一件は今も、工事の中止理由をあやふやにしたままだという。

「知っているか？　放射能以外でも、広島の地下からは色んなものが出てきているんだ」

ニュースで放送されていたのを覚えている。サッカースタジアムを建設中、地中から旧陸軍施設跡が発見されたらしい。過去最大規模の被爆遺構でメディアからも取り沙汰されたが、県はそのまま地面に戻す判断を行った。それは何故なのか。

すべては「平和都市」のイメージが損なわれてしまうからではないか。以前から遺構の存在を知っておきながら県は隠蔽を続け、市民や専門家による反対意見が大きくなる前に取り壊そうとしていた噂まである。

「無論、工期をこれ以上遅延させる訳にはいかない、という理由も含まれていたけどな。だが、こんなものは氷山の一角にすぎないと思う」

ひどい話だが、綺麗事だけでは通用しない。それが現実であるということは私も理解している。

「戦争の話が出て思い出したが、俺には溶接の師匠と呼んでいる人物がいてさ。その人が若い頃、とんでもない金額の仕事依頼が来たことがあったらしい。仕事内容については現地で話す、待ち合わせは深夜の埠頭でと言われたようでさ」

明らかに怪しすぎる。そんな仕事を受ける者がいるのだろうか。

「当然、受けなかった。しかし師匠以外の職人は仕事を受けたらしい。それっきり姿を見た人はいないらしいがな。噂ではイラクかどこかで核弾頭の溶接を行う仕事だったとか。金に目がくらんだらよくないという教訓だよ」

戦争は金になると聞くが、こういうことから闇商人は生まれるのかもしれない。

「ええと何の話だったか……ああ、そうだ。地下三階の話だったな。過去の経験で、これは相手が〈世に出てはいけないもの〉を隠していると直感した」

大手デパートの上層部から脅しをかけられるとなれば、よっぽどだろう。

「本当に上層部だったかどうかも分からないけどな。挨拶くらいされたかもしれないが、自己紹介なんてしなかったからさ。こちらが承諾すると、では明日の早朝にデパート裏口へ来いと言われた」

他の従業員が出勤する前に現場へ入れという意味だろうか。

「多分そうだろう。言われた通りの時間に現場へ向かうと、昨日の男ともう一人、別の男が立っていた。俺と仕事仲間を挟むように前後に立ち、とある扉の前まで案内されたよ」

その扉とは、どんなものだったのか聞いてみる。

「ごく普通の、どこにでもある扉だったな。だけど、しっかり南京錠がかけられていたし、立ち入り禁止という文字と一緒にハザードマークっていうのかな、あれ。英語のCが三つくらい重なっているような……そんなのも貼られていた」

よくそんな怪しい扉の存在を、従業員はネットに流出させなかったなと感心する。

「扉のある通路のかなり手前から立ち入り禁止になっていた可能性も高いが、職場とはいえ広い建物の隅から隅まで徘徊してみる奴もいないだろ」

確かにそうだなと思った。だが肝心なのは、扉の先。いったい何が隠されているのか、だ。

「人が一人通れるくらいの狭い空間に、下へ降りる階段だけが続いていた。電気も通っていなくて、前の男が懐中電灯を照らして地下へ向かった。肌寒いし、靴音は反響していて、まるで洞窟の中みたいだなと思ったよ」

明らかに人が利用している場所ではない。ただ何とも言えぬ不気味さが伝わってくる。

「どのくらいの時間を降りたかな……長く感じただけかもしれないが、結構歩いた気はしたよ。しばらくすると、地下三階へ到着。辺りは真っ暗で何も見えないから、俺たちはメットに備え付けたライトを点けさせてもらった」

いよいよ、と思った。果たして、そこはどんな場所だったのか。

「最初は何もないと思ったよ。けれど、中央一ヶ所の異変に後から気づいた」

……異変、とは。

「フェンスで囲まれていたのさ。さらに白くて長細いものが巻き付いていて！……最初、俺は巨大な白蛇だと思った。だが実際には縄でさ、注連縄っていう奴？」

神社などで見る、縄を捻った感じにした、アレ？　と聞くと兄は「それ」と答える。

「どうしてそんなものがと思うよな？　俺もそうさ。近づいてみようとしたが、後ろから肩を掴まれて止められた」

注連縄は神聖な場所を意味したり、防御壁や魔除けで使われたりもする。ここでそんな物が出てくる時点で、私には違和感しかない。

「一緒に現場へ入った仲間の話だと、フェンスの奥には下へ降りる階段が見えたらしい。それは、つまり」

……地下四階がある、と……？

「創業者一族しか降りることを許されていないと噂で聞いた。けれど正直、そういうものがあったとしても何の不思議でもない。極端だが、昔からある大きな建物には地下があって、そこにヤバイものが眠っているなんて、よくある話さ」

そういうもの、なんだろうか。

「例えば、広島にある同じ百貨店でTがあるだろう？　あそこにも秘密の地下が存在しているのさ。噂話じゃなく、実際にこの目で見たから間違いない」

Tの地下にはいったい、何が眠っていたのだろうか。

「使われていない巨大な浄水器があった。勿論、普通の浄水器とは違う。ちょっとしたアパートくらいの巨大な浄水器」

壊れて使われなくなった機械を、地下に放置していたのかと私は想像した。けれど兄は頭を左右に振って否定する。

「戦後間もない頃、Tは当時貴重だった水を来場者サービスとして無料で与えていたらしい。地下から汲み上げ、浄水器によってろ過した水を。けれど問題が生じた」

先ほどまでの話を聞いているから、どんな問題が起こったか大方の予想は付いていた。放射能だ。

「そういうこと。店は気づかないまま、来客者に放射線物質が混ざった水を振る舞っていたらしい。後で事態に気づき、真実が明かされる前に機械は停止された。隠蔽工作を行おうとしたが、巨大すぎるために撤去も手間がかかってしまう。だから地下を立ち入り禁止にして、隠し通してきたのだとか」

どうして兄は、その存在を目にできたのだろう。

「解体作業を請け負ったからさ。Ｆの時と同様に、秘密裏で行ってほしいと」

何故、今頃になって解体をしようと思ったのか。

「それは分からない。放射能の件も実際に起こった出来事なのかも分からない。会社にとって不都合な記録なんて残しておく訳がないしさ。ただはっきりと言えるのは、使われなくなった巨大浄水器は存在した、それだけだよ」

もしかしたらＦの地下四階にも、巨大な浄水器が置かれているかもしれない。

「可能性はある。さっきもチラッと言ったが、昔は水って貴重品だったようでな。井戸がある地点は重要とされ、その上に大きな建物を作るのは常識だったらしい。だが時代が進むにつれて、井戸がそれほど重要でなくなる一方、井戸を埋めるのは不吉とされていて。だったら誰も入れない場所にして、そのまま放置してしまいましょうと」

巨大な建物という括りだが、駅や百貨店の他にもそういう例はあるのだろうか。

「そうだな、後は……銀行とか。あそこも色々とヤバイ」

具体的に、どうヤバイのか聞いてみる。

「都合の悪い事実を隠しているっていう点で、かな。大きな銀行が改装を行う場合、必ずと言っていいほど人が死んでいるんだ」

穏やかではない話に、私は思わず「え?」と聞き返す。

「理由は分からない。けれど大抵、銀行員か作業員が死ぬ。改装を機に不当なリストラを受けた銀行員が自殺をしたのかもしれない。あるいは会社が大きな動きを見せることによって、隠していた悪事が社内に流出したのかもしれない。推測はできても真実は隠される。会社にとってマイナスになるからな。だが確実に人は死んでいる」

つい先日、銀行の移転工事を行った際に作業員一名が転落事故によって亡くなったというニュースを見た。もしかして、あれも……。

「その銀行は俺も仕事で入った。実際に亡くなったのは三人だ。けれど公表されていない」

何らかの口封じが行われた? そんな、まさか……。

「後は全国ニュースにもなった『広島中央署八五七二万円盗難事件』とか」

それは私も知っている。広島県広島中央警察署一階にある会計課の金庫から、特殊詐欺事件の証拠品八五七二万円がなくなっていた事件。

「内部犯行の疑いが濃厚と言われ、一人の警察官が被疑者に挙がった。だが証拠も盗難金も見つからず、件の警察官が自殺したことにより事件は迷宮入り。これも警察上層部が多額の借金を抱えていた警察官にすべての罪をなすりつけ、早急な解決を図ったという噂もあるくらいだしな」

政治家の闇献金にしても、誰かを人身御供とすることで首謀者が罪を免れることが多い。釈然としないが、これが現実と言われればそうなのかもしれない。

実際、私が心霊に携わった際によく聞く言葉がある。

「何より恐ろしいのは、生きている人間」だと。

兄の話に、どこまでの信憑性があるのか分からないので、私はひとつ確かめてみようと思った。

後日、話に出た百貨店に電話をかけてみる。

「そちらの建物には、一般人が入ることのできない地下が存在しているという噂を聞いたのですが、よろしければ取材をさせていただけないでしょうか」

私の言葉に電話先の女性は困った雰囲気を出しつつ『少々、お待ちください』と言った。

しばらくすると『お待たせしました』と男性の声。再度、私は取材依頼をお願いする。

『申し訳ないのですが、そのような場所は存在しておりません』

私はがっかりしながら、それはそうかと納得してしまう。噂は所詮、噂にすぎない。何とも馬鹿げたことを聞いたものだと気恥ずかしくなり、謝って電話を切ろうとした瞬間。

『――ちなみに、その話を、どこで？』

背筋に冷たいものが走る。私はその問いには答えず、慌ててスマホの電源を落とした。

N高原

地元広島の有名な心霊スポットのひとつに、N高原という場所がある。

半世紀以上前、広島県廿日市市の野貝原山山頂にホテルや別荘、遊園地が次々と建設された。大規模な温泉施設やキャンプ場もあり、一大レジャースポットとして地元でも有名になるはずだった。

だが、実際は建設費用が高くなりすぎ、観光客も徐々に減少したため、開業から十五年で倒産してしまう。

経営者は夜逃げ同然で姿をくらましたと言われ、二〇一九年の解体開始まで建物一体は放置されたままになっていた。

高原に向かう道のりも険しく、崖崩れなどの危険があるため、自衛隊レーダーの監視下にあって立ち入り禁止とされている……。

「だが、別ルートの山道から、高原へ侵入できるらしい」

そう囁いてきたのは、大学の悪友、ヤマさんだ。当時、私は広島を出て岡山の大学に進学し、そこで知り合ったヤマさんの趣味である心霊スポット探検によく付き合わされていた。内心、またかと思いながら、私は端的に忠告をした。「捕まるぞ」と。

「何でだよ。俺たちは登山を楽しんでいる途中、たまたま見かけた廃墟に足を踏み入れただけじゃないか」

たった今、自分で「侵入」と言ってではないか。何よりその設定にもう、自分が含まれていることに驚きを隠せない。

「トシだってたまには広島帰りたいよな？　廃墟も好きだろ？　それに今回は……じゃじゃーん」

ヤマさんが取り出したのは、一枚のパンフレット。そこには『でっかいくつろぎ　N高原ホテル』と書かれていた。フロントやエントランスホールが写っており、八十年代らしさを感じさせる。

特に驚くのが風呂の多さ。酸素風呂に展望風呂、大名風呂に蛸壺風呂なんてものまで。

「お目が高いね。N高原で唯一、霊を見かけたという報告があった場所、それが蛸壺風呂なんだ」

このパンフレット自体、かなり貴重なものと思われる。いったいどこから入手したのだろう。

「聞き込みをしていたら、後輩の両親が昔N高原で結婚式を挙げたらしくてさ。思い出として、このパンフレットも保管していたのさ。預かりものだから、汚すなよ？」

何故そんなどうでもいいことに全力を尽くせるのか理解できないが、パンフレットを見ていたら正直どんな場所か興味が湧いてきた。

「前乗りで広島一泊、翌日の早朝からN高原を目指すぞ。支度と体調管理しっかりな！」

当日。道なき道をひたすら進み、目的のN高原へ到着した頃には昼をすぎていた。甘く見ていた訳ではないが、まさかここまで体力を削られるとは。それはヤマさんも同様だったようで、発起人故、弱音は吐かなかったが、疲れと若干の後悔を表情に滲ませている。

「……俺の中で二度と行きたくない心霊スポット一位にランクインされたぞ……」

二度訪れる段階でどうかしていると思ったが、今はツッコミを入れる気力もない。

とはいえ道中は変わった石なども多く、純粋にハイキングを楽しむ分には良い場所だった。

「というか、想像していた以上に広いな……どこがホテルの入り口だ？」

少し進むと鉄筋むき出しの一際大きい建物が見えた。周囲は樹々に覆われ、まるで侵入者を拒んでいるかのよう。

「受付カウンターらしき場所がある。入ってみよう」

私たちはいつも心霊スポットを訪れた時にこれだけはやっている、合掌と一礼を行った後、中へと進んでいった。

「俺たちも結構廃墟を回ってきたけど、ここは落書きがほとんどないよな」

確かにそれは思う。だがそんなことをする輩《やから》が、わざわざ登山してまで悪戯《いたずら》をしにやってくるとは思えない。もっとお手軽な場所でやるだろう。

「こっちがエントランスホールか……奇をてらった外装だったのか、朽ちてボロボロになっただけなのか判断が付かんぞコレ」

恐らくどっちもじゃないだろうか。

「ロビーと……ここは何だ？　壁一面タイル張りだが、風呂ってことないよな」

事前に用意したホテル地図を参照すると、恐らく休憩室だろうか。かつては多くの椅子やテーブル、マッサージ機などが並んでいたと思うが、それら一切がなくなり広いだけの寂しい空間になっていた。

「こっちは大広間か？　天井が崩壊しているから、先に進むのは危険だな」

とにかく内部は広かった。建物自体もひとつやふたつではないので、霊が出ると噂される蛸壺風呂になかなか辿り着けない。

「螺旋階段だったりプールがあったり……当時とすれば、かなり洒落た建物だった気がするな。増築や改築に金を使いすぎた故の倒産と言われているが、経営方針さえ間違わなければ今頃、広島どころか中四国を代表するレジャー施設になっていたかもしれないぞ」

それには同意見だった。建物そのものに手を加えるのではなく、この不便な立地を何とかすべきだったと思う。自分だったら、ロープウェーを設置したい。山頂から見下ろす美しい街並みを、温泉で癒やした身体を休めながらゆっくりと下山。素晴らしいと思う。

二階を進んでいくと、ゲームセンターらしき場所に着く。ピンボールの筐体のように見えるが、実際はどんなゲーム機なのか分からない。

「八十年代っていうと、インベーダーとか？」

ファミリーコンピューターが発売されたのも同じ年だ。幼い頃は電気を点けるのも忘れてゲームをして、よく親に叱られたものである。

「ゲームは一日一時間とかな。技術は進歩したが、今の子どもを可哀想に思うんだよ。俺たちの世代は、ゲームキャラが喋った動いたってだけで感動していただろ？　今の子どもは最初からすごいものを見てきたから、そう簡単に感動を味わえないからな」

深い話になって私は笑いがこぼれた。昔の文化や生活に触れて、今の生き方を見直す。それができるのも廃墟の良さだと思う。

さらに上へ行くと、屋上に到着。巨大な電波塔らしきものが建ち、まるで要塞のようだ。

「色々回ったが、問題の蛸壺風呂は見つかってないな」

まだ行っていない箇所は多い。とはいえ、ゆっくりしていると下山している途中で夜になってしまう。急がなければ。

再び館内を探索。すると、『ここから宿泊客以外の通行は御遠慮ください』という張り紙を発見した。

「この先、怪しいよな。行ってみようぜ」

奥へ行くとエスカレーターやエレベーター、そして宿泊部屋があった。畳の敷かれた和室で八~十畳ほどの広さだろうか。外観に比べてシンプルな造りだ。

「敷地面積が広いくせに、部屋は中も狭いし数自体が少なくね?」

日帰り客をメインに据えていたのだろうか。しんどい思いをしてここまで来たのだから宿泊したいと思う人は少なくないはず。ここの経営者は、とことん客のニーズが見えていなかった感じがする。

「浴場らしきものはないな。一旦、入り口に戻るか」

エントランスホールまで向かって、反対方向も見て回った。

「こっちは……厨房だな。皿とかも置きっぱなしだぞ」

冷蔵庫の中も調べたが、何もなかったので安心する。

「おいおい、これだけ探して風呂がないってどういうことだ？」

タイムアップが近づき、焦ったヤマさんが愚痴り始める。パンフレットを見た感じでは、多種多様の風呂こそN高原のメインだった気がしたが……。

「――――」

その時、私の耳に何かが聞こえた。最初は風によって樹々の揺れる音かと思ったが、そうではない。

子どもの声、のような……。

「どうしたんだ、いきなり立ち止まって……って、ああ!?」

驚きの声をあげて、ヤマさんが指差す。そこには何と『女子岩風呂』と書かれたプレートが飾られていた。

「何だよ、入り口からめちゃくちゃ近い場所にあったんじゃねぇか！　ちくしょう、見落としていたなぁ」

悔しがりながら指を鳴らすヤマさんに何とも言えぬ場違いなものを感じる。

「大浴場の中に幾つもの風呂が並んでいたって聞いた。とにかく中に入れば分かるさ」

そう言って女風呂に入ろうとするヤマさんを、私は思わず止めた。

「何だよ、トシ。抵抗あるのは分かるぜ？　だがここはもう使われていない。廃墟である今なら、女風呂に入ろうと咎められないのだ。さあ行くぞ！」

何故か興奮気味のヤマさんに若干引きつつ、後を追う。床に割れたタイルの残骸や汚れたビニールが散乱しているだけで、これといったものはない。

「何だよ、期待して損したぜ……」

いったい何を期待していたのだろうか。

そんな話をしている最中も、子どもの声は聞こえていた。ただの幻聴か、それとも……。

不気味に思いつつ、今度は隣の男性更衣室へ。ここは思ったより元の原形を留めていた。昔ながらのマッサージチェアが置かれ、支配人による『貴重品はフロントへ。盗難にあっても責任は負いません』といった注意書きが貼られていたりする。

「奥が風呂場みたいだな」

そう言って進んだ瞬間、私の背筋に寒気が走る。悪寒、というべきだろうか。

立ち止まり周囲を確認。そんな私の様子を見たヤマさんは、何かを話そうとして止める。

長い付き合い故に、察したのかもしれない。

「……間違いなさそうか？」

それだけ聞かれて、私も「どうかな……いや、多分」と答える。

一気に緊張感が増しつつ風呂へ。ピンクと青のタイルを基調とした広い空間。巨大な大岩のようなものが積まれていたり、砂場のようなものがあったりと謎が多い。

「そこの大岩から、もしかすると温泉湯が流れ落ちていたのかもな」

打たせ湯、ということだろうか。では砂場は何なのだろう。

「これも推測だが、砂風呂に使っていたものだと思う」

なるほど、そうすれば多種多様な風呂というのも納得が行く。

では問題の蛸壺風呂というのは……。

「見てみろ、これだ」

岩風呂に併設された数個の穴、これが蛸壺風呂だと言う。

「五右衛門風呂の縮小版って感じか……何か感じるか？」

正直、その場所には何も感じない。それよりも……。

私は岩風呂の奥――少し出張った場所が気になった。

近づくと壁は崩壊し、風が吹きぬけてくる。ここから落ちれば、確実に死ぬ。

「お、おい……トシ、あれって……」

ヤマさんが、ある一角を指差す。そこにあったのは……盛り塩。

「これって、つまり……そういう、ことだよな……」

それを見たことを境に、聞こえていた子どもの声も大きく、そして増えた気がした。

これはまずい、そう感じた私はヤマさんに「何かヤバい、引き返そう」と提案。

「わ、分かった」

私たちは一目散にN高原を出る。息を切らせ汗をかきながら町まで下山すると、時刻は夕方すぎ。それまでの間、一言も会話することはなかった。

ファミレスで一息つくことにして、お互いドリンクバーを頼むが席を立つ気力が湧かない。それほどまでに肉体的にも精神的にも疲労していたと言える。

「……あれって、やっぱり誰かが亡くなったってことなのか？」

ぼそりと独り言のようにヤマさんが聞いてくる。

盛り塩があるだけでは死者が出たかどうかまでは分からないが、何らかの清めるべき事態があったことは想像に難くない。

ただ、子どもの声が、風呂に近づいた時から聞こえていたことを告げた。

「じゃあ、子どもが亡くなっていたとか？」

ネットで幾ら調べても、N高原で誰かが亡くなったと言う情報は出てこない。ヤマさんに、いったい誰から風呂に霊が出るという噂を聞いたのか訊ねてみる。

「だから後輩だよ。ホームページに書き込んで情報を募ったら返事をくれたんだ。直接会って、このパンフレットも預かった」

連絡先も知っているというので、その後輩に電話をかけてみる。

『おかけになった番号は、現在使われておりません――』

どうも様子がおかしいので、翌日大学へ行って後輩がどの学部にいるか調べてもらった。

「そのような名前の生徒は、在学していませんね」

職員の女性に言われ、私たちは愕然とする。

「だったら……あいつはいったい、誰だったんだ……？」

N高原で人が死んだという情報は、公表されていない。しかし……。

あの場所には『何か』あるのかもしれない。

雨とともに現れる怪異

季節は梅雨に入り、かれこれ一週間もすっきりしない天気が続いていた。

私の勤務先である、広島中心部の書店で働いている最中、館内から『雨が降り始めました』というアナウンスが流れる。

「えっ、今日降るって言ってましたっけ？　ヤバ、傘持ってきてないっスよ……」

男性スタッフのひとりが頭を抱えながら叫ぶ。この時期に傘を常備しないとは、なかなかの挑戦者《チャレンジャー》だ。とはいえ私もバイク通勤しているため、帰りが面倒臭いと不満を垂れる。

「昔の人って、恵みの雨とか言って喜んでいたみたいですけれど、今はありがたみを感じることなんてまずないですよね、水不足の年以外は。交通機関は混むし、洗濯物は乾かないし……あと雨の中歩いていると、何となく不気味っていうか怖くないですか？」

女性スタッフがそんなことを言う。「何が怖いんだよ」と共感は得られなかった様子。私、以外は。

「トシさん、分かりますか？　うわぁ嬉しい、初めて同意してくれる人に会いました」

雨によって外の音が消え、普段見慣れた景色も違った様相を見せる。そんな時、自分が異世界に飛ばされたような、一人置き去りにされたような錯覚に陥る。

何より私は数年前、雨の日に「怪異」と出会った経験を持つ。それを思い出すと、今も背筋が震えてしまう。

「何ですか、それ。めちゃくちゃ面白そうな話じゃないっスか。聞かせてくださいよ」

面白い話ではないのだが、要望があるなら仕方ない。

あれは、私が休日を満喫するべく、街へ買い物に出かけた時の話である。

午前中の涼しい時間から昼すぎまで何件も店を渡り歩き、しかし目当ての物はどこにも置いておらず、私は手ぶらで自宅に戻ろうとしていた。

せめてもの腹いせに、いつも降りるバス停のひとつ前で下車し、最寄りのコンビニへ入る。飲み物やスイーツを購入して店を出ると、頬に小雨が当たった。傘の用意はしていなかったが、家までの距離は遠くない。急げば濡れずに済むだろうと私は駆け足に進み始める。

自宅までのルートはふたつ。ひとつは直線で最短のルートだが急坂を上るルート。もうひとつは比較的緩やかな道だが、大きく迂回するために時間を要するルート。選択したのは当然、前者。雨が本降りとなる前に家へ着かなければならないからだ。

急坂の前までやってきて、私は気合いを入れる。よし行くぞと視線を上げた時であった。頂上に、何やら人影のようなものが立っていた。私は目が悪いので、それが何なのか理解できない。顔を寄せて目を細め、視線と意識を集中させる。

人影と表現したが、それは比喩でもなく、そのままの意味だった。人の形をした、真っ黒で影のような「何か」……そうとしか言いようがない。

それは私がやってくるのを待つように、その場から動かずにいた。

あれはヤバいものだ、直感で悟った私は、踵《きびす》を返して急坂から離れる。

その道中で本降りとなった雨は容赦なく私を襲い、家へ着いた頃にはバケツの水を頭から被ったような状態になっていた。

それから一週間後。すっかり怪異のことなど忘れてしまった私は、深夜だというのに小腹が空いてたまらなくなり、坂下のコンビニへ向かうことにした。近所だからいいだろうとスウェット姿で外に出て、地面が濡れていることに気づく。いつ雨が降ったのか、まるで分からなかった。念のため、玄関に置かれた傘を一本手に持って家を出る。

いけないと思いつつ歩きスマホをしながら進んでいると、どこか遠くでガリガリという音が聞こえ始めた。

最初は無視を決め込んでいたが、物音は一向に止む気配がないので流石に気になり始めた。考えすぎかもしれないが、最初より音量が大きくなっているような気が……。

ここでようやく私は足を止め、辺りを見渡す。似たような家が建ち並ぶ中、脇道の奥に誰かが立っているように見えた。それは闇の中で蠢《うごめ》き、ガリガリと音を鳴らしながらこちらに近づいてくるではないか。

忘れていた記憶が一瞬にして蘇る。あれは先日見た、黒い影だと。

捕まってはいけない、直感的にそう思った私は駆け出した。けれど自分は近所のコンビニへ行くことを目的としていたため、足元はサンダルだ。濡れた滑りやすい状態の地面で走るなど危険すぎる。やむを得ないので、なるべく足を上げない小走りの要領で進んでいく。

当然、自宅へ引き返す選択も考えた。しかし自宅の場所を知られたくない気持ちや、距離的にコンビニへ向かったほうが早いと判断した結果である。

急坂に差し掛かり、今度は大股で下っていく。しかし物音は私のすぐ傍まで迫ってきていた。

まずい、捕まる——そう覚悟した瞬間、私の真横を猛スピードで女性が通りすぎていく。

怪異ではない……？

その正体に気づき、全身から力が抜けていくのを感じた。ガリガリと聞こえていたのは女性が傘を引きずる音で、追いかけられていたと思っていたのも、夜道を一人で歩くのが怖いからついてきただけなのだろう。

女性の背中が小さくなっていく。それを見送りながら、私は「……おや？」と思った。

どちらの手にも傘を持っていない。そして時折女性は振り返り、こちらの様子を窺う。今にも泣き出しそうな、引きつった表情で。

……違う。彼女は私を見ているのではない。もっと後ろの――。

ガリガリガリガリガリガリガリガリ

次の瞬間、鼓膜を突き刺すような轟音とともに再び私の横を何かが通りすぎていく。頭の位置はそのままに、眼球だけを横へ動かし様子を窺う。

そこには、怪異がいた。

全身は背景が切り抜かれたように黒く、異常に伸びた腕を足のように動かして前進している。胴から下は存在せず、足がないために見切れた箇所が地面と接しガリガリと音を立てているのだと気づく。

私は金縛りにあったように動けなくなり、その場に立ち尽くした。怪異はそんな自分を無視するかのように女性を追い続けた。

一人取り残されてからしばらく経過し、ようやく金縛りは解ける。恐る恐る坂を下って周囲を見渡すが、女性も怪異の姿も消えてしまっていた。

その後、女性がどうなってしまったのか私は知らない。近隣で失踪者が出たという話も聞かない。ただ、坂下の道路では事故が多く、命を落としている者も少なくない。

実際、私が最初に怪異を目撃した日の早朝も、自転車で通学中の学生がトラックとぶつかり亡くなったらしい。

この話を書き残そうと思い、つい先日のことだが仕事帰りの深夜に坂下へ立ち寄った。あれ以来、怪異と遭遇することもなく過ごしていたが、とりあえず誰かに説明をする際、現場となる写真があると分かってもらいやすいかと思い、何枚かスマホカメラで撮影を行う。しかし……。

フラッシュもたいているのに何故か画像に残そうとした瞬間、真っ暗になるのだ。角度を変えて、さらに数枚撮影するが結果はどれも同じ。

カメラが壊れてしまったかなと思い、そのまま帰宅。念のために自室を撮影した所、何の問題もなく画像は残せた。

その件を同じ職場で働く男性に訊ねてみた。彼は機械に詳しいので何らかのアドバイスをもらえると思ったのだ。とりあえず、その真っ暗な画像を見せてくださいと言うのでスマホを手渡す。すると、それを見た彼の表情が一変。

「……多分ですけど、カメラの故障ではないですね……」

どういうことか訊ねると、画像のある箇所を指して説明を始めた。

「よく見ると、これは完全な真っ黒じゃないです。ここ、四隅をよく見てください。ぼんやりとですけど、白い小さな枠のように見えませんか？」

私は目が悪いので、画面に顔を寄せて観察を行う。言われてみれば……という感じだ。

「これって……巨大な目のアップに見えるんですけど」

ぞわり、と背中が震えるのを感じた。ちょっと待て、それはつまり……。

カメラの前を、何かが遮っていたから真っ黒になっていた……？

「すぐにお祓いへ行ったほうがいいと思いますよ……？」

もしかしたら私たちが気づかない、見えていないだけで、あの現場には今も怪異が待ち構えているのかもしれない。そして存在に気づく者が現れると――。

岡山にいる住職の連絡先を携帯画面に出した時、たまたま店長が通りかかったので私は声を掛ける。

「有給休暇、私はまだ残っていますよね」と。

46

追ってくる

もうひとつ、つい先日に起こった恐怖体験を記しておきたい。書籍となるまでにお祓いをしてもらうつもりだが、それまでにおかしなことが起きないか心配している。

書店勤務の私が、閉店十分前に店内巡回を行った時のことだ。バックヤード扉を開けると、スピリチュアル系の本が並んだ棚前に女性客が立っていた。

女性は長袖のワンピースを着ており、髪は肩を少し越えるほどの長さ。俯《うつむ》いていて表情は分からないが、四、五十代ではないかと思う。

後ろを通過する前に、私は努めて明るい声で「いらっしゃいませ」と挨拶をした。女性は小声で何か呟いている。

少し変わった方なのかなと思ったが、気にすることなく巡回を進めた。その際に背後から同僚が声を掛けてきた。

「閉店近いんで、俺はレジの様子を見てきます」

お願いしますと返事をして、通路を曲がった時——先ほどの女性がこちらへ向かってくるのが見えた。尚も俯いたまま、ぶつぶつとよく分からない言葉を発しながら。

「何か御入り用ですか？」と訊ねるが、女性は独り言を呟くばかり。ここでようやく相手が靴を履いていないことに気づく。これは普通ではないと思った私は「失礼します」と言って踵を返す。

駆け足で雑誌コーナーまで進んでから振り返ると、遠くに女性の姿が見えた。少しずつ、こちらへ近づいているではないか。

腕時計を確認すると、閉店まで五分を切っていた。捲《まく》ってしまおうと考え、私は再び店を回る。店の端であるコミックコーナーまで進むと若干息が切れた。ここまでくればと思いながら振り返ると……いる。女性が、こちらに向かってやってくる。

勘弁してくれと思いながら店を一周。再び雑誌コーナーまで戻ってきたが——。

……駄目だ……どこまで行っても、引き離すことができない……。

裸足というのが気にかかり、警備に連絡すべき案件か悩んでいた時、閉店を告げるアナウンスが聞こえてきた。私はバックヤードへ駆け込み、店内の電気を消す。

「どうしたんですか？」

スタッフが心配をして声を掛けてくれたが、私は「いや、何でもないよ」と答える。

照明が半分以上消された店内を改めて回る。よかった、女性はいなくなっていた。閉店だから諦めて帰ってくれたのだと安堵しつつ、締め作業を行った。

一週間が経過しても、私は女性の一件が気になって仕方なかった。彼女は何を呟いていたのか、どうして裸足だったのか。あの日一緒だった同僚はどう思ったか聞いてみた。

「不気味な女性……？　いえ、見ていませんけど」

そんな馬鹿な。あの日、私の後を彼はすぐに追ってきた。彼女の横を通過していないはずがないし、気づかない訳などあるものか。

しかし同僚は本当に見ていないと言う。さらに別のスタッフから話を聞いた。

「僕も出勤だったので覚えていますよ。トシさんがすごい速度で店を回っていたので、どうしたのかなと思っていました」

女性がついてきていなかったか訊ねるも「いえ、トシさんだけでしたよ？」と言う。

……あの女性は自分しか見えていなかった？

いや、それにしてははっきりと見えすぎていた。霊との遭遇体験はそれなりにあるが、毎回「これはヤバイ」「現世のものじゃない」という雰囲気を感じ取れていた。けれども、それはなかったのである。

改めて現場検証を行うこととなり、同僚たちも付き合ってくれた。最初どこに立っていて、どのルートを進んだのか記憶を追っていく。

スピリチュアル系の棚前にいた、といって現場へ向かう。ここで間違いないと案内した瞬間、同僚たちが引きつった表情を見せる。

「トシさん……この棚……」

顔を上げると、棚には『前世・あの世』と書かれたプレートが置かれていた。

「ここの前に、立っていたんですか……？」

私は何も言えなくなる。さらに他のスタッフからおかしな点を指摘された。

まず裸足であるにも拘らず、足音が聞こえなかったのは何故か。

何より、あの日私の巡回は駆けているといっても差し支えない速さだったらしい。それについてきたのも普通じゃない、と。

「トシさんにだけ姿が見えて、声を掛けられたからついてきたんじゃないですか……？」

とはいえ、目撃してから一週間経つが、自分の身に何かが起こった感じはしない。

「気づいてない可能性もありますよ」

そんな脅され方をされつつ、今日の仕事を終えて帰路に就いていた時である。

原付きで家に向かっている最中、パトカーに声を掛けられた。

『原付き運転手さん、停止してください』

何事かと思いつつ、内心ドキドキしてしまう。一時停止違反をした訳でもなく、保険も切れていない。速度も法定内だったし、整備不良だってしていない。完全に思い当たる節はなかった。

とはいえ無視する訳にはいかないので、言われるがまま路肩へ停止。しばらくするとパトカーから警察官が二人降り、こちらへ向かってやってくる。

「……あれっ？」

ひとりが素っ頓狂な声を出す。黙って成り行きを見ていると、もう一人の警官も声を掛けてきた。

「お一人、ですか？」

その言葉に、私は背筋が震える。原付きなのだから一人に決まっている。それとも……他に〈誰か〉が見えたとでも……？

恐る恐る訊ねるが、警官たちは「いえ、申し訳ない」と謝るだけで答えない。念のために免許証確認だけいいですかと言うので、それに応じる。

「お仕事の帰りですか？　こんな時間まで大変ですね」

世間話を切り出してきたので、私もここぞとばかりに訊ねた。一週間くらい前に、この辺で女性が亡くなった話を聞いていませんかと。

「あ、ニュースや新聞で御覧になりました？　結構長い時間、渋滞になっていましたよね」

微妙に会話が噛み合っていない気がしたが、次の言葉ではっきりする。

「交通事故ですよ、被害者は四十代の女性だったかな」

その人は髪が肩を越えるくらいの長さで、ワンピースを着ていませんでしたかと聞く。

「もしかして、お知り合いの方でした？」

いえ、そういう訳では……それだけ言うのが私には精一杯だった。

「すみません長々と。くれぐれも事故には気を付けてくださいね」

そう言うとパトカーは走り去っていく。取り残された私は、誰かに見られている気がして振り返ったが、そこには何もいなかった。

呪いのゲーム

今でこそ禁止されているが、昔はコピー商品がおおっぴらに世間に出回っていた。特にゲームソフトは定価が一万円近くするため、データをコピーした後は正規ソフトを高値で売り捌く者、友人の間でレンタル料を取る者までいた。

さらに一本で三～五種類のゲームがコピーできるソフトまで現れ、一般的につまらないとされるゲーム、いわゆる糞ゲーを抱き合わせにして販売する所が広島にもあった。

そんな混沌とした私の中学時代に体験した話である。

クラスは違うのだが、同級生にAという小柄な男がいた。彼は自分から率先して動くタイプではなく、運動神経や成績が良い訳でもない。学校が終われば何も告げずにそそくさと姿を消すような、印象の薄い存在だった。

ある日、Aと外で偶然会うことがあった。特別仲が良い訳ではなかったので、軽い挨拶をして通りすぎようとした瞬間――。

「今から僕の家で遊ばない？」

思いがけず誘われ、動揺してしまう。二人きりで話したこともないし、気まずい空気にならないだろうかと思ったが、せっかく声を掛けてくれたのに断るのも忍びない。

結果、私は「いいよ、遊ぼう」と答えた。

Aの親はとても厳しく、外で一緒に遊んだ者はいないと聞く。かといって習い事をしている訳でもなく、彼の私生活は謎に包まれていた。お邪魔して怒鳴られないかと、既に気が重い。

しばらく歩き続けると、Aは市営アパートの中へ入っていく。ここの一室が自宅らしい。

「お邪魔します」と声を掛けるが返事はない。奥がAの部屋だと言う。

中は広さ十畳ほど、机やベッドがふたつ並んでいた。

居心地悪く感じていると、Aは押し入れからゲーム機と大量のソフトを取り出す。

「今日は夜まで親が帰ってこないから」

その言葉に、ようやく私は緊張をほぐせた。途端に図々しくなり、ゲームタイトルを確認していく。紛失防止のためなのか、ソフトの裏には油性マジックで名前が書かれていた。Aの名前ではない。お兄さんか弟さんの所有物だろう。私は特に気にせず、Aとのゲーム大会を開催した。

Aはゲームの腕前こそ下手だが、本当に楽しそうだった。時折奇声を上げたり床に転がったりして、学校での大人しい印象と随分違う。

それから何時間経過しただろうか。辺りも暗くなってきた頃に「次で最後にしよう」と私は提案する。

最後の戦いに相応《ふさわ》しいゲームはないか探していると――タイトルの分からない、コピーソフトが見つかった。

これは何のゲームかと訊ねると、Aは「お兄ちゃんのだから知らん」と答える。

何となく気になったので中身を見てみようと思った。本体に差し込み、電源を入れる。

「……？　名前が読めないぞ、これ」

タイトルは謎の漢字や数字が並んでいた。とりあえずゲームをスタートさせる。

テレビの画面は、しばらく真っ黒のままだった。何だこれ、バグか？　と不安に思い始めた瞬間、上から白い文章が現れ進んでいく。

ジャンルは当時流行していた〈サウンドノベル〉というゲームで読む小説だった。

内容は主人公の男が何らかの過ちを犯し、その罪を償うために丘へ向かうといったもの。

説明も不足がちで、お世辞にも面白いと思えなかった。Aも同じ感想なのか、隣で盛大な欠伸《あくび》をしている。

もう切るか、そう思って私が電源ボタンに手を伸ばした瞬間——急に画面が変わった。

突如として現れる緑の人型。それを無視するように流れ続ける文字。

気持ち悪い。画面から目を逸らしながら電源を切ろうとする私の腕を、Aが掴んだ。

先ほどまで眠そうにしていたのが一変、目を見開いて彼は言う。

「待ってよ、今いい所じゃん。こんなにはっきりと、女がさ」

意味が分からない。いい所？　女？　どこに？　だが聞き返せない。聞き返してはいけないと、直感が告げていた。

「俺、もう帰るわ」

そう言って私はAの自宅を出た。早足で進み、だいぶ離れてから振り返る。先ほどまでいた二階の窓は、淡い光が灯っていた。


その夜、夕飯を食べながら母に、Aと偶然会って遊んだ話をした。

「あんた、あの子と仲良かったっけ？」

やはり意外と思うのだろうか。ことの顛末を説明すると「へぇ」と納得した様子。

「今は大変な時期だと思うから、元気づけてあげなさい」

どういう意味か訊ねると、母は「知らないで遊んだの？」と逆に驚いている。

「あそこって子どもが二人いて、お兄さんは長い間ずっと引きこもりだったのよ。たまに一人で買い物へ出ていたらしいけど。それが先日、事故で亡くなったみたいで」

お兄さんが……？　私はゲームカセットの後ろに書かれていた名前を思い出す。

「夕方の往来が激しい車道へ自ら飛び込んだらしいわよ。どこかへ行く途中だったのかもしれないけど、躾《しつけ》の厳しい御両親だって聞くし、自殺かもね……」

Aの友達付き合いの悪さの理由が何となく分かった気がした。親の躾もあるだろうが、家に引きこもりの兄がいたからではないかと。そんな兄も亡くなり、ゲームもすべて自分の物となったことに喜んだＡは、たまたま会った私を自宅に招き入れたのかもしれない。

それにしても実の兄が亡くなって日が浅い内に、あんなにも楽しそうにできるものだろうか。そう考えればＡも普通ではない気がする。

そして思い返す。家で感じた居心地の悪さ……あれは初めて来た場所だからというより、誰かに見られているような感覚だった。

Ａと関わらないほうがいいかもしれない……そう判断した私は、今日のことを忘れようと思った。


それから一ヶ月ほど経ったある日のこと。母の口から再びＡの名を聞くこととなる。

「随分前にＡ君の話したじゃない？　あそこの御家族、突然引っ越したらしいわよ」

急な転勤かなと言う私に、母は「ううん」と頭を左右に振った。

「神隠しにでもあったみたいに突然消えたって。夜逃げ……？　まさかね」

相槌を打ちながら私は内心ほっとする。もしまたＡに誘われるたらどうしようと思っていたからだ。

「例の一件も、大変だったみたいだし」

意味が分からず、私は聞き返す。

「知らないの？　A君が行方不明になって、捜索願いも出されたみたいよ。翌日に山奥で発見されたらしいけど、崖から落ちたのか大怪我を負っていたらしくて」

知らなかった。しばらく見ないなとは思っていたが、同じクラスではないし、学校の先生も何も言っていなかった。何故、Aはそんな場所に？　もしかして兄の後を追って自殺しようと考えた？　いや、そんな様子ではなかった気がする。

「怪我を治すために、病院のある他県に移ったのかもしれないけど」

他にもAは精神疾患があり、症状が悪化したので街を離れたという噂もあるらしい。

それが事実ならば、ゲーム画面を見て呟いた謎の言葉も精神疾患から出た妄言だったのかもしれない。それならば理解できる。最初から意味なんてなかったのだ。もしくは私をからかっただけかもしれない。

……ゲーム画面？　ふと思い返す。あの時見たタイトルの分からないサウンドノベル。

確か内容が罪を償うために丘へ向かうというものだった。丘と崖、こじつけかもしれないが、妙に引っかかる。

いや、考えすぎだ。私はAに関わらないと決めたはず。忘れなければ。あの時のことなど……。

そうして記憶に蓋をした私が大学を卒業し、地元広島に戻って社会人を始めた頃のこと。

ひょんな切っ掛けでネットの噂を聞いた。

曰く、呪われたゲームというものが存在していて、それをプレイした者は呪いにかけられ死んでしまう。

どうせ作り話だろうと思っていたが、内容を聞いて私の動きは止まる。

……あれ、この話を知っている……？

いや、正確には似ているというだけで同一ではない。いったいどこで……。

ここで錆びついていた記憶の蓋が開いたのだ。同時に当時の恐怖までもぶり返した。

呪いのゲーム……ではAやお兄さんは、それが原因で……？

ありえない。もしもそうなら、私だって呪われているはず。

だが詳しく調べていくと「最後までプレイした者が呪われる」という話もあった。

私は冒頭の段階で不気味に思い、途中で止めてしまった。だから呪われずに済んだという可能性もある。

これ以上深入りするのは危険なこと、愚かな行為であると十分に承知しておきながら、私はそのゲームへの好奇心が捨てられなかった。

何とかプレイする方法はないものかと手を尽くし、あまり褒められたルートではないが、ようやく手に入れることができた。

パソコンからゲームをダウンロードして起動する。

『手紙』という赤い文字が現れる。これがタイトルだろう。

内容は、主人公が『アルマゲドン』というゲームを違法コピーして遊んでいる所から始まる。するとしばらくして「このソフトはコピーしないほうがいい」という曖昧な注意書きが出てくる。

主人公が気にせずゲームを進めていくと、突然部屋が真っ暗になった。

持っていたジッポーライターで辺りを照らした瞬間、モニターに不気味な男の顔が映った。

動揺でライターを落とす主人公。炎が蔓延していくも、身体が金縛りで動かない。

そんな様子を楽しんでいるのか、画面上の男は高笑いを響かせる。

もう駄目だ――。主人公が死を覚悟した瞬間、停電が戻る。さらに炎も消え失せていた。

目線を移すと、コピーしたゲームだけが跡形もなく燃え溶けていた――。


読み終えて私は溜め息をつく。内容が記憶のモノと違っていたからである。

気落ちしていると、後輩のBから電話が入った。彼は私の話を聞いて「呪いのゲームがどんなものか気になる」といって協力してくれていた。

『目当ての物じゃなくて、がっかりしているんじゃないですか?』

何故知ってるんだと訊ねると、どうやら似たようなゲームが幾つかあるらしい。

『タイトルは同じですが、内容が異なるようで。物語の途中で手紙を届けに行く場面があるらしいのですが、約束の丘へ向かった瞬間に操作がきかなくなるとか』
なるほど。私のプレイしたものにはそのような場面はなかった。だが、気になるのは「約束の丘」という点。
『プレイヤーはいずれも行方不明か死亡しているようです。本当に町はずれの丘で遺体が発見されたとか、怖くなって川に投げ捨てたのに自宅の本棚へ戻ってきていたとか』
本物は手に入るのか聞いたが、難しいとのこと。情報が分かり次第、連絡しますと言って電話は切れた。

それから半年近くが経過した頃、Bの消息が掴めなくなったという話を聞く。

「二、三日したら帰る」と彼女に伝えていたらしいが、詳しい行き先は話してくれなかったそうだ。捜索願いが出された後、警察によって彼の中型バイクだけが発見された。鍵は付けっぱなしでガソリンもあり、事故を起こした様子もなかったという。

警察から事情説明を受けたBのお母さんに話を伺った。

「監視カメラに、他県の街を歩いている姿は映っていました。店に立ち寄って買い物をしたようですが、今はもう更地になっているようで店主さんから話も聞けず終いで」

潰れたということだろうか。ちなみに何の店だったか聞いてみる。

「ゲーム屋だったと聞きました」

私はそれを聞き、背筋が凍りつく思いがした。もしかしてBは、呪いのゲームに辿り着いたのかもしれない。

恐る恐るといった感じで、さらに訊ねる。

「バイクが乗り捨てられていたと聞きました。どこで発見されたのですか？」

「同県の山中です。何でそんな場所に向かったのか……自殺をするような子ではないと思っていますが」

「……その山というのは……丘や崖、といったものがありますか？」

「……？　ええ、それは勿論……」

恐怖で身体が震えた。ちゃんと話したほうがよいのか悩んだが、確証もない荒唐無稽な話だ。憔悴している彼の母を余計に不安にさせてしまうだけと思い、口を噤んだ。

……いや、結局は臆病だったにすぎない。責められることを避けたかった弱い自分。

そんなわだかまりを残したまま、今に至る。
十年以上経った今も、Bは見つかっていない。

ラブホテル

後輩の西森から数年ぶりに連絡が入り、食事をしていた時のことである。

「実は彼女と結婚することになりまして、その報告を」

一緒に働いていた頃から同棲をしていたのは聞いていたが、ようやく彼も腹を括った様子。

「おめでとう」と告げると、照れくさそうに笑ってみせた。

挙式は身内だけで済ますらしく、こうしてわざわざ友人知人に声を掛けて回っているのだとか。

「トシさんには新人教育から、ずっとお世話になりましたから」

挨拶もろくにできなかった男が、こうして一人前になったことに感動すら覚える。

「そういえば、本を出されたんですってね。おめでとうございます」

私は苦笑いをしながら「あー、ね」と適当な相槌を打つ。

「どうしたんですか？　あまり気乗りしない様子ですね」

書籍化の夢は叶ったけれど、そこがゴールではない訳で。どんな世界でもそうだが、デビューした後からが本番なのだと痛感している。ましてや実話となれば、いつかストックが切れてしまう。いかにして生き延びていくか、それを考えると頭が痛い。

「要は実話ならいいってことですよね？　それだったらトシさんが体験した話だけでなく、他の人から聞いた恐怖体験でもよくないですか？」

確かにそうだ。実際、隙あらば聞いて取材するのだが、なかなかこれぞという話には行き当たらないものなのだ。

「俺、ありますよ。恐怖体験。人に何度か話したことあるんですけど、構成力っていうか話術っていうか……そういうのが致命的にないから、誰も信じてくれないんですよね」

なるほど、確かに説明が下手な人もいるから分からなくもない。ちなみにどんな恐怖体験なのだろう。

「広島市内にあるラブホテルなんですけど、そこで殺人事件が起こりまして。それ以来、現場となった部屋で被害者の女が霊になって現れるらしいです」

ラブホテルで殺人……私は話を聞きながら携帯で事件を調べ始める。

「目撃情報が多くて、今はその部屋に客を入れないそうです。たまにあるじゃないですか、いつ行っても埋まっている部屋あるなぁみたいな。そういう事情らしくて」

ラブホテルに行かないので分からないが、そういうものなのだろうか。

検索すると、安佐北区のラブホテルで女性が刺された事件がヒットしたが、見せるとそれではないと言う。何度も検索を行うが、他に該当する事件は引っかからない。その時点で、誰かが作った噂話だろうと思った。

「いや、真実です。事件によっては被害者の親が世間体を気にして、大事にしないでほしいと警察や記者とかに頼む場合もあるんですって」

私もかつて事件に巻き込まれた時、似たような理由で真実を秘匿された。今も世にあふれる情報がすべて真実ではないという教訓になっている。

とはいえ、えらく自信たっぷりに真実と言えるものだ。

「当然ですよ。だって、その殺人事件の第一発見者が俺でしたからね」

私は箸を止める。「第一発見者？　お前が？」と訊ねると、西森は頷く。

「あれは今の妻と付き合い始めて間もない頃で――」

以下は、話下手の彼から苦労して聞き取った内容を、彼の視点で再現したものである。


交際開始から三度目のデートだった。前回キスを済ませた俺は、今日こそ最後まで行こうと気合いが入っていた。とはいえ相手が乗り気でないことも承知している。

しかしこちらも無策で挑むほど馬鹿じゃない。一緒にランチをしている最中、俺はカバンから切り札を投じた。

「前に観たがっていた映画、借りておいたよ」

ＤＶＤを見せると彼女は驚いた顔をして「もうレンタル開始してたんだ？」と話す。

「ただ、どこで観るかなんだけどさ。近くにホテルがあるから、そこで観ようぜ」

ホテルという単語に難色を示される。だがそれも想定内。

「最近は一人で宿泊したり、女同士で利用したりするんだってさ。そこら辺のネカフェでもいいけどさ、喋る声を気にしたりヘッドホン使ったりしなきゃだし、煩わしいだろ？」

「それは、確かに……そうだけど」

「映画観るだけだし、ホテル代は俺がオゴるからさ」

うーんとしばらく考え込む彼女だが、しばらくして「分かった」と観念する。

正直、鼻の下が伸びそうになるのを堪えるのに必死だった。

「よし、さっそく行こう！　すぐそこだから！　早く早く！」

「ちょ、ちょっと。まだデザート食べてないんだけど！」

彼女の腕を引っ張り、俺は小走りに店を出た。


「へぇ、想像していたよりお洒落な建物だね」

ラブホに到着すると彼女から前向きな感想が漏れる。それもそうだ、事前にしっかりと情報を集めておいたのだから。

「中はもっと綺麗だよ。さ、入ろう」

ホテル内はあえてそうしているのだろう、間接照明が所々に置かれているだけの薄暗い印象。微かに香るアロマが、普通のホテルにはない淫靡な雰囲気を醸し出す。

フロントに向かい、どの部屋にしようか物色。流石に平日の昼すぎ、ほとんどの部屋が空いている。

宿泊ではないので、いっそ一番高い部屋にすべきか。ここで今一度、彼女にラブホは良いものだと刷り込ませたほうが、次の機会に繋がると考えた。とはいえこちらは安月給、あまり見栄を張ると給料日前に泣きを見る。

何より重要なのはＤＶＤデッキがあるかないか。一応ネットでは用意できると書かれていたが、しっかり確認しておかねば。

俺はフロントに立つ若い男性に声を掛けた。

「ここは全室、ＤＶＤデッキ備わってる？」

男は聞こえていないのか、虚空を見つめたままで何も答えない。その接客態度に、楽しい気分が若干引いてしまう。

「聞こえてんの？」

少し怒気をはらませて再度聞く。すると店員はようやくこちらに気づいたのか、慌てた様子で「あ、い、いらっしゃいませ」と言ってきた。

「映画を見たいから、DVDが観れる部屋にして」

「DVD、ですか。それでしたら、この三つの部屋になります」

後ろで気まずそうにしている彼女の手前、さっさと決めて早く部屋に入りたい。指定された部屋写真を見比べつつ、俺は顎先に親指を置いて思案する。

一番値段の高い部屋は広すぎだ。テレビの傍に大きなソファーが置かれているため、ベッドまでの距離が遠い。寝そべりながら映画鑑賞がベストなので、まずこの部屋はダメだ。そして一番安い部屋。ここはテレビが小さすぎる。一応は映画を観るという目的だから、画面が小さいのは頂けない。

となれば残された、比較的値段も広さも中途半端なこの部屋にせざるを得ない。ラブホテルの良いイメージを彼女へ刷り込むことは難しいが、仕方ないだろう。

「この、三階の部屋で」と写真を指で押さえて店員に伝える。前払いなので代金を支払い、鍵を受け取った。

ごゆっくりどうぞ、という気持ちの入っていない店員の声を背中で聞きながら、ようやく俺達は部屋へと向かう。疲れた様子で「やっぱりＯＫするんじゃなかった」と語る彼女の横顔が怖い。

エレベーターに乗り込み、ルームナンバーを確認。どうやら角部屋のようだ。鍵を開けて中へ入り、短い廊下の先にある寝室へ向かう。

意気揚々と室内扉を開けた瞬間、俺は不満を漏らす。

「何だよ、これ」

部屋は写真の通りだから良いとする。だが、肝腎のベッドが問題だ。誰かがベッドの上で暴れたのかと思うほど、シーツがヨレヨレになっている。ベッドメイクされていないことは明らかで、文句のひとつでも言ってやりたい衝動にかられる。

いや、実際にクレームを付けるべきだろうか。こちらはお金を出して有意義な時間を使おうとしている。けれど、これはどうだ。既に雰囲気が台無しではないか。

「……ちょっとフロントに言ってくる」

そう告げて部屋を出ていこうとした瞬間、俺の腕を彼女が掴む。

「いいよいいよ、別にベッド自体が汚れているわけじゃないし。ちゃちゃっとシーツさえ直せばいいだけの話だよ」

そんな優しい言葉を微笑みとともに言われ、こちらも毒気《どっき》を抜かれてしまう。彼女が良いと言うなら、それで良い。ここはひとつ、寛大な気持ちで許すことにしよう。

二人でダブルベッドのシーツを直していく。その途中で、何かに気づいた彼女が「あれ？」という声をあげた。

「どうしたの？」

彼女の傍に近づき、声を掛ける。指差す先には、ハンディサイズのビデオカメラが置かれていた。

部屋のオプションなのかと考える。だが、盗難対策が一切されていない。普通なら機材にホテル名くらい書いてあるはず。

「前の人の忘れ物じゃない？　あ、ホラ見て。ギリギリ充電が残ってる」

彼女がカメラを操作すると、掌より一回り小さい液晶画面に光が灯った。言われた通り、電池マークには「５％」と表示されている。

「持ち主は、もしかしたらここのホテルで自分達の行為を撮影しようとしていたんじゃないかな」

俺の下衆な推測に彼女は「えー、やだ。絶対ムリ」と嫌悪感を表す。

「ちょっとだけ、中身見てみようか。何か、こういうのって気にならない？」

見られたらマズイものを忘れていくほうが悪い、と自分の中で言い聞かせつつ彼女に聞いてみる。「うわー最低」と笑う彼女も、やめろとは言わない。

興味本位で撮影された内容を確認する。

――そこに、とんでもないいものが映されているとも知らず。

再生と同時に全裸の女性が現れた。思わず「おおっ」と声をあげるが、脇腹を小突かれて我に返る。

映っている場所は今俺達がいるこの部屋のようだ。

女性はベッドの上に座り、何かを期待するような濡れた目で、こちらを見ていた。

年齢は二十代前半くらい、肩に掛かるくらいの髪の長さ、形の良い乳房、どちらかといえば痩せぎすの体形、そして何より……身体の所々にある、腫れたような痕が気になった。

ガタガタと揺れる画像もしばらくすると落ち着き、次に上半身裸の男性が現れる。絶妙なのはカメラ位置か立ち位置か、はたまた偶然の産物か、男の顔は画面から見切れていて窺い知ることができない。薄い胸板から貧弱な印象を受けるが、若い男の様子。

男はベッドを揺らしながら女性の前に立つと、手にしていた〈何か〉を女性に見せつける。それだけで女性は小指を唇に当てながらハァハァと息を荒らげてしまう。

持っていた〈何か〉……それはホームセンターなどで売っている荒縄だった。この時点で嫌な予感がしてしまう。隣で映像を見ている彼女も同様で、眉間にシワを寄せて見つめている。

そっちの趣味がない俺達にとって、今から繰り広げられるであろう映像は、こちらの興奮を促すものではないだろう。

男は女の細首に縄を掛けた。恋人にネックレスを着けてあげるような優しい手付きに、恐ろしさすら感じてしまう。

メリメリという不気味な音を立て、縄が少しずつ絞められていく。「かはっ」という苦しみの声と裏腹に、愉悦の表情を浮かべる女。

男の腕に血管が浮かぶ。ものの数秒で女の瞳孔が開く。それでも手を緩めない。

「も、もう止めよう？　見てられないよ！」

両手で顔を覆う彼女に対し、俺は「これ以上されたらどうなるんだ」という好奇心から目が離せなくなっていた。

女の口から、白い泡が噴き出す。チアノーゼを起こしているのだろう、顔面は紫色となり、ビクンビクンと裸体が跳ね上がった。

ふぅ、ふぅと何やら音が聞こえる。男の声だ。彼もまた興奮しているらしい。その証拠に、先ほどから映し出されている男のズボンが盛り上がっている。

「ふぅっ！　ふぅっ！　ふぅっ！……？』

男は何かに気づいた様子。ここでようやく縄に掛けられた力を解く。支えがなくなり、どしゃりとベッド上に倒れ込む女。気絶しているものだと思った男が、数回女の頬を叩く。反応がない。まさか、と思ったのだろう。今度は掌を女の口元に当て、ようやく異変の正体を知った。

女が、息をしていない。

男は慌てながら、見様見真似といった感じで女に心臓マッサージを繰り返す。だが所詮は素人、女が蘇生することはなかった。

男の身体が映像内から消える。そしてゴトゴトという物音。何をしているのかは分からない。

数分後、今度は女に動きがあった。ベッドで横たわった態勢のまま、ゆっくりと足元から消えていく。これはきっと、男が女の足首を掴んで動かしているのだ。証拠に何か重たいものが落ちるような音がして、カメラに振動が生じた。

ズズズズと床を引きずる音。耳を澄ますと、カチャリという軽い音が聞こえた。このベッドから、それほど離れていない。遺体を部屋の外へ持っていったのだろうか。

ふと顔を上げれば、彼女と目が合った。目を覆っていたはずだが、しっかり見ていた様子。お互い無言のまま、ゆっくり玄関へ顔を向ける。施錠された玄関扉、開けっ放しになっているトイレの扉、そして――観音開きのタイプである、クローゼット扉。

まさか、ここに遺体を隠した……？

個人的意見だが、ラブホ内のクローゼットを使う者は少ないと思う。旅行者と違って大荷物ということがないからだ。ましてやソファーの傍に、御丁寧にもハンガーが三つも用意されている。洋服を掛けるだけならば、ここで事足りるし面倒がない。

男も、それらを熟知した上で遺体をクローゼットに隠したのだろうか。だが、ここはラブホテル。いつまでも隠し通せるものではない。

逃亡までの時間稼ぎ？　いや、もしかすれば手の込んだホテル側の悪戯かもしれない。カメラが置いてあれば、誰だって中身を確認したくなるはず。そんな心理を逆手にとってのドッキリだとすれば納得がいく。そうだ、そうに違いない。至って普通に生きてきた俺が、殺人事件に巻き込まれるなんてありえるものか。

「あ……あれ……み、見て！」

震える指先で彼女が示す場所、それはクローゼットだった。ぐっと眉に力を込め、顔をクローゼットに引き寄せてその場所を注視する。

「……？　何もない、けど」

「下！　クローゼットの、下！」

言われた箇所を見つめると、そこには女物の衣服らしきものがクローゼット下の隙間からはみ出ていた。

まさか、裸の女が着ていた服を押し込んだとか……？　いや、備え付けの浴衣やガウンがはみ出しているだけかもしれない。平静を装うために、現実逃避とも言える思考が頭を駆け巡る。

とにかく真偽を確かめなければ。そう思い、ベッドから降りた瞬間——。

プルルルルルルルル

室内の電話が、けたたましい音を鳴らす。時間延長をしても連絡はしないと料金表の紙に書かれていた。何より指定した時間より随分早い。

生唾を飲み込み、鳴り続ける電話を手にする。もしもし、と言おうとしたが唇と喉が渇き、言葉にならない。そんな理由などお構いなしで、電話越しの相手は話しかけてくる。

『お休みの所、申し訳ありません。フロントです』

ホテルのフロントからだった。受付を行った男と同じ声。あの時は対応の悪さに多少イラつきもしたが、今は安堵感を抱く。

とにかく事情を説明しなければ。警察や救急を呼んでもらう必要がある。

『実は、前のお客様が御利用したままの部屋を御案内してしまいまして。誠に申し訳ありません』

そんなことよりも、警察を——そう告げようとした瞬間、強い力で腕を引っ張られる。

振り返った先にいたのは彼女だ。真っ青な顔をして、ガタガタと身を震わせている。

こんな時に何だよとイラつきながら睨みつける。彼女は何も言わずビデオカメラの小さな画面をこちらへ向けてきた。

画面は停止されている。何の変哲もない、この部屋が映っているように思えたが……。

すぐに彼女の言わんとすることに気づき、俺は目を見開く。注目すべきは、ベッド横へ付けられた巨大鏡。そこへ、今まで一度も映し出されていなかった男の顔が微かに見えた。

痩せこけた頬に青白い肌、そして焦点の定まっていない目。見覚えのある顔だ。つい最近……いや、数分前に……。

「フロントにいた……男」

彼女の言葉に、俺の身体は硬直する。確かにそうだ、間違いない。では何故、そいつが映像に映っている？　そんなこと、分かり切っている。

——電話越しの向こうにいる男が、殺人犯だからだ。

『そちらで何か、ございましたかねぇ？　だとしたら大変申し訳ございません……直《ただ》ちにそちらへ向かいますので……少々お待ちくださいませ』

電話は、ここで切れた。

フロントの男、ビデオに映っていた殺人犯が、この部屋に来てしまう。まくしたてるように彼女へ説明を行い、急いでここから逃げることを決意。

俺達は自分の荷物を抱え、部屋から飛び出す。恐怖心からか、良い雰囲気だと思っていた廊下も今は不気味でしかない。薄暗い上に窓がなく、漂うアロマが身体にまとわりついてくるような気がした。

エレベーターのボタンを押そうとした瞬間、俺は動きを止める。

「どうしたの!?　急いで！」

自分が触れるより先に、エレベーターが動き出す。〈1F〉と表示された数字が、しばらくすると〈2F〉へ変わった。

「駄目だ、エレベーターは使えない！」

引き返して階段を探す。非常口と書かれた扉を見つけるが、行く手を阻むように段ボールや椅子、壊れたテーブルなどが積まれていた。これらすべてをどけて進むとなれば、時間が掛かってしまう。

「部屋へ戻ろう！　籠城して、警察が来るのを待つんだ！」

怯えている彼女の手を握りしめ、俺達は元の部屋へ戻る。

鍵を開けて中に入った瞬間、チンというエレベーターの到着を知らせる音が聞こえた。

「扉にチェーンロックは……ある訳ないか……！　俺が扉を押さえておくから、急いで警察に電話を！」

「な、何て言えばいいのか分かんないよ！」

「刃物を持った男がホテルに侵入してきたとか、何でもいい！」

ホテル従業員だったら当然、マスターキーを持っているはず。しかも都合の悪いことに、扉は廊下側から引いて開ける仕様になっている。

「死んでもこの扉は開けさせねぇぞ……！」

自分に言い聞かせるように言葉を発し、ドアノブに力を込める。それと同時に――。

コンコンコンコンコンコンコンコンコン

扉を何度も叩かれる。奴が……殺人犯が来たのだ。

「すみませぇん、フロントですがぁ。開けてくださぁい。いらっしゃいますよねぇ？ 部屋の中に、いらっしゃいますよねぇ？』

間違いない、あの男の声。しばらく扉を叩かれ続けていたが、そのうち――。

ゴリゴリゴリッ――バチンッ！

鍵を差し込まれる音がして、扉は解錠された。

「あれぇ、開かないなぁ。おかしいなぁ、そんなはずないのになぁあ」

ドンドンドンドンドンドンドンドン！

今度は力任せに、扉を叩かれる。

大丈夫、大丈夫だ、扉を壊すことなんてできるはずがない。

「――っと……に……じゃ……ぇぞ……」

ボソボソと微かに喋り声が聞こえた、次の瞬間――。

「ツッッザけんじゃねぇぞぉおおおおおぉおおおお！　出てこいよおらぁああああ！

出てこい出てこい出てこい出てこい」


出ろ出ろデロ出ろでろデロ出ろ出ろ出ろデロでろでろデロ出ろデロでろデロデロ出ろでろデロ出ろ出ろ出ろデロでろでろデロ出ろ出ろ出ろデロでろでろデロ出ろデロでろデロ出ろでろデロデロ出ろでろデロ出ろ出ろ出ろデロでろでろデロ出ろ――』


呪文のように「出ろ」と繰り返しながら、扉を殴りつけてきた。

そんな攻防戦が、どれほど続いただろうか。しばらくして状況に変化が生じる。

「――ちょっ、なんなんすかぁ、貴方達はぁ。僕はこの中にいる人たちに用があって……

何するんですかぁ、引っ張らないでくださいよぉお」

突如として訪れる静寂。いったい何が起こったのか。

目線をずらすと、スマホを持った彼女の姿。「警察？」と乾いた声で訊ねると、彼女は二回頷いてみせた。

——助かった。緊張していた身体から、力が抜ける。

となれば、こんな場所に彼女を置いておくわけにはいかない。

「もう大丈夫、出よう」

疲れ切った笑顔を見せて、俺は扉を微かに開けた。すると、その僅かな隙間から青白い腕が入り込み、俺の腕を掴む。

「——しまっ……！」

「だぁまぁさぁれたなぁあああああ」

男は一芝居打ったのだ。そんな幼稚な方法に、まんまと引っかかってしまうとは。

「見たんだろ見たんだろ見たなぁあああ！　お前らもすぐに後を追わせてやるからな！」

リミッターが外れているのではないかと思うほどの怪力。俺は廊下へ投げ出されてしまう。

地べたに平伏す俺に対し、男は不敵な笑みを浮かべながら何かを見せつけた。

業務用の、通常よりサイズの大きなカッターだ。

チキチキと音を立てて刃を出し、こちらへ近づいてくる。逃げようと後退った直後、左足首に猛烈な痛みが走った。男の革靴が、俺の足に落とされたのである。

「もっと喜べよ、なぁ、ほら」

男はよだれを垂らしながらカッターを振りかぶる。

俺は、死ぬのか？　恐怖で頭が真っ白になりかけた時――。

「何をしている⁉」

見知らぬ男性の声が聞こえた。気が付くと、エレベーターから制服姿の男が二人現れる。男のひとりが殺人犯の腕を掴み、素早い動作で関節をきめた。柔道の技だろうか。苦痛に表情を歪めながら、男は刃物を床へ落とす。

もう一人の制服男が乱暴に殺人犯の頭を掴み「屈め！　早く！　抵抗するな！」と大声を発する。間違いない、彼らは警察官だ。

殺人犯は、うつ伏せにされたまま手錠を掛けられる。

「……助かった？……そうか……よかった……」

息をはくと、足首が痛んだ。折れていなければいいが。

「やめろ、触るな！　俺を、あの方の末裔と知っての狼藉か⁉」

男は床に突っ伏したまま激昂する。

「お前らなど地獄の業火で消し炭だ！　世界は終焉へと向かっている！　環境問題が――絶滅危惧種を――」

意味不明のことを大声で喚き続ける男。

「抵抗するな！　大人しくしろ！」

応援を呼んだのだろう、さらに複数の警察官が入ってくる。女性の警察官に肩を抱かれながら、彼女が部屋から出ていく。俺も若い警察官に「動けますか？」と声を掛けられ、手を差し出される。それを掴み立ち上がろうとした瞬間、我知らずよろけてしまう。

「怪我をされていますね、すぐに病院へ向かいましょう」

「それよりも、クローゼットの中に……もしかしたら、女性の遺体が……」

俺の言葉を聞いて、その場の雰囲気が変わった。「急いで確認を」と言って合図を出すと、すぐに別の警官が部屋の中へ入っていく。しばらくすると慌てた様子で戻ってきて何やら話し込み始めた。小声だったのではっきりと聞き取れなかったが「鑑識」「身元確認」と言っていたと思う。

「――事情聴取の際に女性の遺体が見つかったことを教えてくれました。自分らと関連性がないと分かり、すぐ解放されましたね」

まさか殺人事件に巻き込まれていようとは……掛ける言葉が見つからない。

「でも悪いことばかりじゃなかったですよ。こうして話のネタにもなっていますし……あの一件で彼女は俺のことを見直してくれたようで」

なるほど、ここぞという時に頼りになるという証拠になったわけだ。

「吊り橋効果って奴ですかね。トシさんも試してみては……って、まずは恋人を作る所からですね」

やかましい、と告げて流し込むビールは、いつにも増して苦く感じた。

殺人犯との対談

発端は私の暗黒時代まで遡る。

中学で転校、人間関係が振り出しに戻ったこともあり、追い詰められていた。入学初日から同級生全員に声を掛けて友人作り。朝五時から意味のない練習が始まる部活。学ぶことが一気に増えた勉強。それらすべてを完璧にこなさなければいけないという危機感。

そんな時、私はふと思ってしまう。「何の意味があるんだ」と。

糸が切れてしまったのかもしれない。すべての物事が、自分を含めた人間が嫌になった。

死にたいと毎日思い、それを実行できずに嘆く。

プライドが邪魔をして友人に悩みを話せず、親に打ち明ければ否定されて怒りが増す。

こんな自分を分かってくれる者などいないと一年以上も殻に閉じこもった。

ある日、母が児童相談所に私を連れ出した。過去に一度カウンセリングを受けたことがあったが、先生から「ここで貴方の好きなことをしてください。本を読みたければ本を読めばいいし、絵を書きたければ道具もある。ゲームでも音楽でも何でもいい」と言われて、だったら帰りますと伝えて出ていった。大人を馬鹿にしていたのかもしれない。

どこの誰が来ても無駄なこと。今度も悪い態度を取って切り上げようと思っていた。

「はじめまして、トシさん」

その人は中学生の私に対して深々と頭を下げる。顔を上げた瞬間、満面の笑みで名刺を差し出された。

「お会いできるのを楽しみにしていました。本日はよろしくお願いします」

予想外の対応に面喰らってしまう。眺めの良い個室で二人きりになった後、そのカウンセラーは言った。

「幾ら時間が掛かってもいいです。トシさんのお話を聞かせてください」

ただ話を聞いてくれる、分かろうとしてくれる人に初めて出会った気がした。長時間に亘って話をする最中、その人はこちらの目を見ながら大きく頷き、時に涙を拭う仕草を見せる。気づけば自分も涙を流していた。

こんな大人がいるのかという驚きが、こんな大人になりたいという憧れに変わるまで時間は掛からなかったと思う。

自分も頑張れば児童カウンセラーになれるだろうか、悩んでいる子どもを救ってあげられる存在になりたい、カウンセラーに話すと笑顔で肩を叩かれながら言われた。

「相手の気持ちを分かってあげられる貴方なら、きっと良いカウンセラーになれるよ」

中学二年生の夏、不登校は継続中だったが、児童相談所へ通って出席日数を取り、睡眠時間を削って勉強をして、試験だけは一般生徒が帰宅した夕方から受けさせてもらうなど学校側の計らいも受けて高校へ進学。大学も心理学の強い所へ入り、夢を叶えるために日々頑張っていたある日、研究室の教授から呼び出しを食らった。

「君が広島出身で、児童心理に興味があるのを思い出してね」

資料を渡されて目を通す。そこには驚くべき内容が書かれていた。

「……広島で殺人を犯した者と対談、ですか？」

「直接ではなく、テレビ電話さ。親族に申し訳ない気持ちで面会を拒否する者、話をしたいが恐怖心から喋れなくなる被害者など様々な問題が起こっている。今回はそれらを解決すべく広島県警から要請を受け、試験的に行うこととなった」

私の担当教授は地方の夕方ニュースに出演するほどの有名人だった。顔が広く、今回の件も送られてくる案件のひとつなのだとか。

「先日の討論大会の内容も良かったのでね。それらも考慮して、君に白羽の矢が立った訳さ」

面倒な仕事を押し付けられている気もしたが、個人的に興味はある。こんな機会でもなければ、犯罪者と話すことなどないと思った。

「分かりました、お願いします」

私がそう言うと、教授は満足そうに頷く。

「時間は三十分、傍でフォローも入るので緊張することはない。本番までに話す内容をまとめてチューターに確認を取りなさい」

資料を渡されて立ち去ろうとした時、教授が「あ、そうだ」と言って私を引き留める。

「君は霊の存在を信じるか？」

何を唐突にと思いながら、もしかして私が悪友と心霊スポットを巡っているのがバレたのかと肝を冷やす。

どう答えるべきか悩んでいると教授は「いや、何でもない」と言って掌を振ってみせる。退室しろという合図だ。

気にはなったが、今は与えられた役割を完璧にこなすことが重要。私は食堂へ赴き、改めて資料に目を通す。

加害者A　十七歳　罪状・殺人

Aが十六歳の時、母親と四歳離れた弟を金属バットで滅多打ち。大きな悲鳴があがったため、隣人が警察へ連絡。警察官らが現場へ向かい、リビングにて血だらけの被害者両名を確認。すぐに病院へ搬送するが母親は即死、弟は二時間後に心肺停止。

自室にいたAを拘束。殺害理由について「苛々したから」と供述。

少年院へ送致、現在に至る。

え、これだけ？　と私は用紙を裏返す。後は当日の段取りについての内容。

今のままでは字の如くお話にならないので、自分で事件について調べてみることにした。金属バッドを使った殺害事件は「神奈川金属バット両親殺害事件」が有名だが、他にも散見される。ところが、渡された用紙の事件については有力な情報は得られなかった。犯罪者が未成年なので、規制が掛かっているのだろうか。先行き不安に感じつつ、できる限りの準備をして当日を迎えた。


研究室のＰＣにマイクとカメラが設置された。いよいよ対談が始まる。

カメラに映らない場所で研究室の仲間や、噂を聞いた生徒が野次馬として集まっていた。傍らにサポート役としてチューターが控えている。だが肝腎の教授は、今日もテレビの仕事が忙しいようで欠席だ。

「そろそろ回線を繋ぎますよ」

パソコンに詳しい先輩から合図が出て、現場に緊張感が漂う。

改めて髪や服装を整え、ギリギリまで暗記した質問を心の中で復唱する。そうしていると先ほどまでアイコンが並んでいたパソコン画面が一転。「ＬＩＶＥ」という文字とともに一人の少年が現れた。

まず相手に対して私が抱いた第一印象は「不気味」の一言に尽きる。頬はこけ、目の下の隈が酷い。十七歳と聞いていたが、二十前半の自分より老けて見える。

「――あ、もう繋がっていますかね？　こちらが見えますか？　声は聞こえますか？」

こちらが緊張して、声を上ずらせながら訊ねると『はい』と返事が来た。それだけで、相手が気乗りしていない様子が伝わってくる。

不安を抱きつつ、とりあえず自己紹介を行う。「よろしくお願いします」と頭を下げるが、やはり反応は薄い。これ以上空気を悪くしたくないので、合図より先に質問を開始させた。

「貴方がどのような事件を起こしたのか、教えてもらっていいですか？」

これから始まる話の根幹を、きちんと本人の口から聞いておく。

『……母と、弟を殺しました』

「どのような経緯で殺人に至ったのでしょうか」

『……自分が空気になること、馬鹿にされるのが怖くなりました』

「空気、というと？」

『幼い頃から母の期待を裏切らないよう生きてきました。一流の大学で学び、有名企業に入社して沢山の収入と人が羨む地位を得るためです。けれど中学に入ると成績は伸びなくなり、母は自分に期待をしなくなりました』

家族でありながら無視をされる、それが空気ということか。

『それとは反対に弟の成績は、どんどん上がりました。少し予習と復習をすれば学年一位、遊びで始めた野球はリトルリーグで四番エース。友達も多く、自分に持っていないものをアイツはすべて持っていました』

「……それが、殺害の動機ですか？」

『部屋で勉強をしていると、リビングから二人の笑い声が聞こえたんです。自分のことで笑っているのかと思いました。静かにしろとこちらが注意すると、母が言ったんです。あんたはもう何もしなくていいと。弟も言いました。勉強ばかりしていないで遊ぼう。何なら僕の友達を紹介してあげるよと』

俯いたまま話すAの口調には抑揚がない。まるでカンペでも見ているようだ。

『気づけば玄関に置かれた金属バットを持ち出し、母の頭に振り下ろしていました。床に倒れた母を何度も何度も殴っていたら、そのうち弟が叫び出しました。やめて、やめてと。止めようとしてきたので弟も殴りました。ボコボコになったバットを放り投げ、血だらけになった二人を見て思いました』

「……何を、思ったのですか？」

『これでやっと静かに勉強ができると』

以前、講義で受けたサイコパス診断を思い出す。常人の発想とは思えない。

『犯した罪に対して、後悔していますか？』

『……後悔……』

その問いにAは一瞬驚いた表情を見せたが、すぐに無気力な顔へ戻る。

『……反省、しています。死んで罪を償いたい』

何げなく放った彼の言葉に私は苛立つ。

「本当は何も感じていないのではありませんか？」

考えていた質問から脱線。チューターが画面に映らない場所で台本を指差していたが、私は無視をする。

「亡くなられたお母様や弟さんは、Aさんの死を望んでいるでしょうか？　私には貴方が面倒を避けたいために言い訳を――いえ、戯言《ざれごと》を述べているように感じますが」

ざわ、と研究室が騒然とする。ここでようやく我に返り、激しく後悔したが後の祭りだ。対談の中止も脳裏をよぎったその時、Aは喋り始める。

『……望んでいますよ、間違いなく』

「何故それが分かるのですか？」

『警察に母と弟が亡くなったのを聞いた日から毎晩、現れるんです』

「現れる……？　いったい、何が……」

『母と、弟が。枕元に』

一瞬、何を言っているのか分からなかった。それは周りも同様で、首を傾げる者がちらほら見えた。

枕元に現れる死者――私は、ここでようやく対談の話を受けた際に教授が呟いていた言葉の意味を知る。

——君は霊の存在を信じるか？

教授は、事前に霊に悩まされるAの事情を聞いていたのだろう。だがそれは隠していたというより、本気にしていなかった意味合いが強い。

普通に考えれば「そんなもの、いるわけない」と一蹴してしまう内容。しかし、恐らく私はここにいる者達の中で一番、霊の存在を信じている。

まさかこんな所で霊の話が出てくるなど、やはり自分は呪われているのではないかと思いつつ、一呼吸置いてAに話す。

「実は私、何度も霊を見たことがあるのです。心霊スポットを巡って恐ろしい目に遭ったり……まぁ、自業自得ですけどね」

ははは、と自虐的な笑みを浮かべた後、私は真剣な表情に戻ってAを見る。初めてAと目線が合った気がした。

「だから私は信じますよ。貴方の言葉を」

過去に調べたがあるが、Aと同じような立場で死者に脅かされた事例は何件もある。私はそれを幾つかAに語って聞かせた。

【奈良県高齢者殺人事件】

二〇一三年八月、川中容疑者は同居していた女性の口や鼻に枕を押し付け窒息死させた。数日後、警察に自首をするのだがその理由を「殺した女が枕元に立つ。そのせいで仕事が手に付かなくなった」と話したらしい。

【広島県幼児溺死事件】

一九七七年一月、広島県某所で母親が当時二歳の長男を浴槽に沈め殺害するという痛ましい事件が起こった。母親は逮捕されたが、留置所内で夜な夜なうなされ続ける状態となってしまう。

不審に思った刑務官が前年に不審死を告げた長女一歳について問い詰めた所、母親は涙を流しながら殺害を告白。当時の新聞記事によると、毎晩殺した二人の子どもが枕元に現れ、長女は「マンマ、マンマ」と言いながら乳房に触れてきて、長男は「カアチャン、ツメタイヨウ」と泣き叫んでいたという。

【米国一家殺人事件（枕元事件）】

一九六六年アメリカ・ニュージャージー州ボゴタで一家三人が惨殺される事件が発生。殺害されたのは二人の両親とナタリア・オレステスという少女だった。特に少女の殺され方は酷く、白のドレスが血で真っ赤に染まり、警察が「赤茶色のドレス」と見間違って申告してしまうほど。

しかし事件から二年が経過しても、犯人は捕まらなかった。そんな中、事件現場の屋敷に近所の子ども達が集まり遊ぶようになる。見かねた警官が注意すると、子ども達は答えた。

「この家の窓から、可愛い女の子が手を振って僕達を呼ぶんだよ。一緒に遊ぼうって」

その話を聞いた地元民は「ナタリアだ」と直感。街中で大きな話題となる。

するとほどなくして惨殺事件の犯人と告げる男が警察に出頭。現場の詳細な状況を話すことから犯人と断定。男は出頭の理由について語った。

「最近になって、俺が殺した少女が枕元に立つようになった。その少女は『おじさん、罪を償って。警察へ行って。じゃないと私、安心して天国へ行けないの』と耳元で囁くんだ」

余りの恐怖に犯人は毎晩ベッドに入るのが怖くなり、夜が近づくにつれて身震いするようになったという。

「……話に出てきた殺人犯達は、その後どうなったんですか？」

何と答えるべきか私は悩む。何故なら、その後の話までは知らなかったからだ。とはいえ、せっかく興味を持ってくれたのだから「知らない」とは言えない。だから私は嘘をつく。

「その後は罪を悔いて償って、霊に怯えることもなくなったそうです」

「そうなんですね」

「だからAさんも頑張りましょう」

「はい」

ここで三十分の対談は終了。緊張したせいか、体感的にはもっと長く話した気がする。

『ありがとうございました』

Ａのお礼とともに回線が切断される。同時にチューターが駆け寄ってきた。

「どうなることかと思ったよ」

安堵を口にする相手に私は「すみません、脱線してしまって」と謝る。

「いや、結果オーライだった。今後はこういった交流方法が主流になるかもしれない」

「私は人と話す時、モニター越しではなく直接顔を見て話したいです」

「確かに。あぁ、言い遅れたけど……今回の対談、こちらで編集したものをテレビ局にも送って夕方のニュースで放送されることが決まっているから」

とんでもないことを言い放つチューターに、私は「え!?」と声をあげる。

「自分の顔がお茶の間に流れるってことですか？」

「そりゃそうだよ」

「……普通に嫌なんですけど……」

「分かんないぞ。これをきっかけに芸能事務所からスカウトが来るかもしれない」

「いやいや、ありえないです」

そんな馬鹿なやり取りを行っていたが、結果として対談内容が放送されることはなかった。何故なら――。


対談を終えて一週間が経過した頃、再び教授から呼び出しが掛かった。

緊張しながらノックすると、扉の向こうから「入りたまえ」と声が聞こえてきた。

「失礼します。何か御用でしょうか」

私の問いかけに教授はかけている眼鏡の位置を直しながら話す。

「君と対談を行ったAだが……二日前に自殺をした」

「…………え？」

「そういう訳で残念ながら、ＴＶによる放送も中止と判断されたよ」

放送のことなど正直どうでもよかった。それより、何故Aが自殺を図ったのかが気になる。まさかあの対談が……。

「なに、当然君の責任ではない。ずっと睡眠をとらなかったせいか、日中でも幻覚を見て騒ぎ立てるまでになっていたらしい」

「……幻覚、ですか……」

それはつまり、殺害した母と弟の姿なのではないか。

私はAに嘘をついた。罪を悔いて償えば、霊に怯えることもなくなると。しかし殺された者達は、それすらも許してくれなかった。

「亡くなられたお母様や弟さんは、Aさんの死を望んでいるでしょうか？」

『……望んでいますよ、間違いなく』

教授室を出て、Aとの会話を思い出しながら窓の外を眺める。

本当に殺された者達は、こんな結末を望んでいたのだろうか。

同僚は逃亡中の殺人犯かもしれない

友人から聞いた、広島に関わる怖い話を紹介させてほしい。

今から十年以上前――建築会社に勤める友人の舞元（仮名）は、隣の山口県へ出張する機会が多かったという。

ある日、現場の担当者から一人の男を紹介された。

「今日はコイツも一緒に連れていってくれ」

ここでは、あえて彼のことをAと呼ぶ。Aは二十代前半で、建築の業界に入ってまだ日が浅かった。故に舞元の傍でいろいろと学ばせてやってほしいと頼まれる。

そう言われると悪い気もしなかったので、一緒に働くことに同意した。

「こいつ、仕事は真面目だが引っ込み思案で気の弱い所があってな。ウチとしても期待の新人なワケだから、まぁよろしく頼むわ」

昔気質《かたぎ》の豪快で無遠慮な者が多い職場だ。Aのようなタイプは続かないのではないかと心配してしまう。

Aは確かに真面目だった。口数こそ少ないが、言われたことはきちんとこなす。引っ込み思案もその通りで、昼休憩は一人でいる姿をよく見かけていた。

ある日、舞元は仕事終わりにAを食事に誘った。

「これから何か予定あるか？　一緒に飯でも食おうぜ」

Aはしばらく考えるような素振りを見せ、小さく頷く。

「何か食べたいものはあるか？」

「いえ……特には」

最終的に、駅から一番近い居酒屋へ繰り出すこととなった。

「今日は俺の奢りじゃけぇ、好きなモン頼みんさい」

そう伝えてもAはメニュー表とにらめっこするばかりで、一向に注文しない。待ちきれなくなった舞元は女性店員を呼び、適当に焼き鳥の盛り合わせや刺身を頼んだ。

「酒は飲めるんか？」

「ええ、まあ」

アルコールを入れれば、心を許すかもしれない。そう期待して大ジョッキをふたつ頼む。

「お待たせしましたぁ」

あれよあれよと注文した品が届き、すぐにテーブルは埋め尽くされる。

舞元はビールをAに突き出し「お疲れさん」と笑顔で言う。

「……っす」

お互いのジョッキがぶつかったのを合図に、宴は開始された。

「仕事はどうよ、えらい？」

「……せんない時もありますが……まぁ、大丈夫です」

「しんどい」という言葉も地方によっては言い方が変わる。広島では「えらい」というが、山口では「せんない」と言う。

「入ったん最近じゃろ？　前は何をやっとったん？」

「……普通に会社で働いてました」

「事務？　営業？　土木に興味とかあったん？」

「いえ、別に……」

打てども響かぬ、曖昧な反応。元来の性格というより、あえて距離を取っているような違和感があった。

「結婚は？　彼女とかおらんの？」

「してません。いません」

「ほうなん？　若いのに勿体ないねぇ。俺は妻も子どももおるけぇ無茶はできんし、ちょっとうらやましく思ったりするよね。今のうちに、やりたいこと好きなだけやっといたほうがええぞ」

「やりたいこと、ですか」

不敵な笑みを浮かべるA。

舞元は常々、何の話題で笑えるかに人間性が出ると思っていた。

（ホンマに掴みどころのない奴じゃの……）

その後もいろいろな話題を振るが、生返事をされるばかりで盛り上がることはなかった。

飲み会を終えた翌日から、Aの態度に変化があった。

「舞元さん、てごう（手伝い）します」

「おお、そうか。怪我だけはせんようにの」

舞元に対して、話しかけてくる機会が僅かに増えた。

この調子なら、いつか他の職人とも仲良くできるかもしれない、そんな期待を抱いた時である。

Aに関して、ちょっとした事件が起こった。

舞元が仕事を終えて事務所へ戻ると、焦った様子の現場監督が話しかけてきた。

「舞元、大変じゃ。Aが暴れおったで」

「は？　Aが？　何でですか？」

驚きを隠せないでいると、タイミング良くAと頬を氷嚢で冷やす作業服姿の男が現れた。

連れの名前は知らないが、朝礼で見かけたことがある。

両者は目を合わせず、ここまで案内した事務員も複雑な表情をしていた。

「案内ありがとの。今日はもう帰ってええ。お疲れさん」

「あ、はい。お疲れ様でした」

事務員を帰らせ、監督は舞元を含めた三名を来客室へ呼ぶ。上座の席へ腰を落とすと、溜め息を漏らしながら「座れ」とだけ伝える。

「何があったんか、最初っから分かるように話せ」

重苦しい空気の中、殴られた男が口火を切った。

「こいつが効率の悪い仕事の仕方をしとったもんで、わざわざ教えてやったんです。そしたら突然殴りかかってきおって、訳分からんです」

「A、それは本当なんか？」

「…………」

「ちゃんと話さんと、何も分からんで」

舞元に促され、Aはたどたどしく話す。

「……こっちがやることに……いちいち、文句を……それで、腹が……立って」

「それで、殴ったのか？」

「………………」

「それだけじゃねぇ。他の奴らに引き離された後、現場に置かれていた長机を殴って大穴開けましたからねコイツ」

言われて注視すると、確かにAは先ほどから右拳を隠していた。

「監督、コイツ辞めさせたほうがええですよ。現場でも浮いてるし、こっちの士気にも関わりますわ」

「おい、あんま勝手なことばぁぬかすな」

「……すいやせん」

流石に言いすぎてしまったのか、男は一喝されてしまう。

「A、反省しとるんか」

監督の問いにAは「……はい」と呟く。

「Aの教育を任されていた俺にも責任がある。すまんかったの」

「いや、舞元さんは何も……」

「今後はしっかり目をかけておくけぇ、勘弁してやってくれんか」

「若気の至りっちゅうやつよの？　お前だって族時代、無茶ばぁしよったって聞いたで。警察事にならんだけ、まだマシなほうよ」

「そ、それは言わんとってくださいよ！」

一気に場が和む。

しかし、Aは俯いたままだ。

しばらく沈黙の時間が流れると、Aはおもむろに立ち上がり男に向かって頭を下げた。

「A、きちんと謝れ」

「……すいませんでした」

うまく聞きとれないほどの小声だったが、誠意は伝わったようで殴られた男も「お、おう」と返す。

ひとまず問題は解決に至った。

「おし、んじゃお前らも気をつけて帰れよ」

来客室から出た瞬間、舞元はAに声を掛けた。

「ちょっと付き合え。今後についての話もしとくぞ」

「……はい」


二十二時すぎ、場所はいつもの駅前居酒屋であった。

既に一杯目の大ジョッキをお互い開けた頃、舞元は本題を切り出す。

「知っとると思うが、俺はAのおる会社の者とは違う。広島から応援に来とるだけの、部外者じゃ」

Aはまっすぐ舞元の目を見て話を聞いていた。

「今の現場が完成すりゃあ、俺は広島へ戻る。そうしたらAはまた一人になる」

「…………」

「人間、一人の力では何もできやせん。信頼できる仲間を作れ。上のモンから多くを学んで、それを下のモンに伝えていく。そうやって社会は回っとるんじゃ」

追加で頼んだビールを一口すすり、舞元はさらに続ける。

「あんまり説教臭いことは言いたないけどな。お前が心配じゃけぇ言うとるんよ」

「……はい」

そんな話を一時間も続けていると、かなり酔いも回ってしまう。

「じゃけえ俺はお前にの……男としての筋っちゅうもんを……おい、聞いとるんか？」

完全に絡み酒と化した舞元に対し、今まで大人しかったAが突如として急変する。

「……んで……が……に……」

「ん？　何や、どうした？」

「何で俺が、あんなクソに頭下げにゃいけんのんや！」

叫びとともにAがテーブルに拳を振り下ろす。

大きな衝撃音とともに、店中の注目が集まった。

「おい、A――」

「俺が本気出しゃ、誰も文句なんか言わせん！　そもそもの覚悟が違うんじゃ！　ブチ殺してやれるけえ！　今度は逃がしゃせん！　何人でもやったるわ！」

「何を言うとるんや？　いいけぇ落ち着け！」

「離せ！　殺されたいんか？　離せゆうとるんじゃ！」

後ろから羽交い絞めにしても尚、暴れまくるA。

テーブルを蹴飛ばし、皿などが割れる音が響く。流石に見過ごせなくなった店員が数名、こちらへ向かってくる。

「なにしとんじゃ！　警察呼ぶぞ！」

「すんません、すんません！」

Aを連れて店員とともに店の外へ。その際に力が緩んでしまったのか、舞元はAを拘束から外してしまう。

「――――！」

Aは奇声を発しながら走り去ってしまった。追いかけようとも思ったが、この場をそのままにできないので舞元は残った。

店の者たちには心の底から謝罪を行い、壊してしまった食器に関しては当然弁償を申し出た。二度と来店しない約束を交わし、警察に連絡だけは止めてもらう。

散々な目に遭った。

舞元はしばらく夜の街でAを探したが見つけることはできず、連絡先を知らないので明日現場に来たら叱ってやろうと心に決めた。

しかし――。

翌日、Aは仕事に来なかった。監督は今日から出張ということで、事務員の女性に話を聞いてみる。

「無断欠勤されています。携帯電話に連絡を入れましたが、応答はありませんね。明日も出勤しなければ、同じ寮に住む従業員へ声掛けを頼もうと思っています」

「無断欠勤……？」

昨日の騒ぎで顔を出しづらいのだろうか。教育役として責任を持つと大口を叩いておいて、このままクビにされては格好がつかない。今日監督がいないのは、せめてもの幸運と言えた。

「……ああ、そういえば昨日風邪を引いて声が出にくいって言うとった。仕事休むの、俺から話してほしいと頼まれて、うっかり忘れてたわ」

「そうなんですか？」

咄嗟に思いついた嘘だが、我ながらうまいことを言えたなと舞元は思う。

「すまんすまん。あと寮って言うとったが、Aは会社の寮で生活しとるんか!?」

「ええ。入社からずっと利用されていますね」

「んじゃ、俺が仕事終わりにAの様子を見に行ったるよ」

「本当ですか？　それは助かります。これが寮の住所です」

そんなやりとりをしていると、別の女性事務員から「舞元さん、いらっしゃいますか？」

と声を掛けられる。

「舞元は自分じゃけど」

「ああ、よかった。外線からお電話です」

「電話？　いったい、誰が何の用じゃろ――」


夕方、舞元はAが住む会社の寮にやってきた。

どこの部屋かも事前に教えてもらったので、迷うことなくAの元へ向かう。

備え付けの呼び鈴を押すが、反応はない。扉を叩き「A、おるか？　舞元じゃ」と叫ぶ。

「……どっか出かけとるんか？」

どうすべきか悩んでいると、カンカンと階段を上る音が聞こえてきた。

「……舞元、さん……？」

何と手にバイクの鍵と買い物袋を持ったAが姿を現す。

「おお、丁度良かったわ。どこ行っとったんや、お前」

「……ちょっと買い物に……というか、何でここに……」

「無断欠勤しよるから、説教したろう思ってな」

「…………」

「冗談よ。体調は悪くなさそうじゃの。明日から仕事来れそうか？」

「……いや、あの、俺……」

「何や、言いたいことあるんなら、はっきり言え」

「……ここでは、あれなんで……中へ……」

そういってAは舞元を部屋へ招き入れる。

部屋は六畳一間、布団が敷かれているだけで何もなかった。

「殺風景じゃのう。趣味とかねぇんか？」

「……趣味……バイク、くらいですかね……」

「おっ、バイク好きなんか」

Aは玄関扉に鍵とチェーンを掛けながら、乗っているバイクの話をする。

「俺も中型バイクの免許取ろうかの……って、いやいや。忘れる前に、こっちもお前に伝えたい話があるんよ」

床に胡坐をかきながら、舞元は言う。

「今晩、俺は広島に戻る。つまり教育係は解任ってことじゃの」

「……急に、どうして……」

目を丸くしながら訊ねるAに、舞元は頬を掻きながら伝えた。

「二人目の子どもができたみたいでな……出産まで、嫁さんの面倒を見てやることにしたんよ」

「……それは……おめでとうございます」

「仕事に関して、俺がお前に教えてやれることはもうない。まぁ人間関係と酒癖については、ちょっと不安な所があるけどな」

「………」

「次、一緒に仕事をする時どれだけ成長しとるか楽しみにしとるけえ」

そう言って舞元は立ち上がり、Aに向かって右手を差し出す。動揺しながらもAは、握手に応じた。

「んで、お前の話したいことってのは？」

「……あ……いや、その……昨日、居酒屋で……何か俺、口走ってませんでしたか？」

「いや、俺も正直酔っぱらって記憶ないんだわ。あっはっは」

酔って暴れたこと自体、覚えていない様子だった。

「……そう、ですか」

「話ってのは、それだけか？」

「あ、はい。すみません」

「だったら俺は行くわ。嫁さんと子どもたちが広島で待っとるけえ」

「わざわざ、ありがとうございました」

「仕事、頑張れよ。辞めんなよ絶対」

舞元に向かって頭を下げるA。その姿は舞元にとっても感慨深かった。

後輩の教育を本格的に行ったのは今回が初めてだったが、いろいろと勉強になることが多かったなと舞元は思う。


翌日から、舞元はおかしな夢を見るようになった。

自分視点で見知らぬ家の階段を上る。

二階の扉を慎重に開けると、そこにはベッドで横になっている女性の姿があった。見た目でいうと高校生くらいか。

手にしたナイフを彼女に向けた瞬間、枕を振り回しながら大声で叫ばれてしまう。

思わず動揺し視線を外した瞬間、彼女は部屋から逃亡。それを追いかけ、玄関を出ようとするのを刃物で突き刺した。

転倒しながら尚も逃げようとするので、何度も何度もナイフを振り下ろす。

返り血を浴びながら、興奮している自分に気づく。

その時、一階のリビングらしき場所の扉が開いて別の女が姿を見せた。彼女の母親にしては老けている気がしたので、恐らく祖母だろう。

祖母は背中を向け、自宅の電話で警察を呼ぼうとする。そこを再び刃物で襲う。

背中、肩、腹など滅多刺しに集中しすぎて、他にも人がいることを気づけなかった。

窓から庭に出て逃走する若い女。最初に襲った彼女の妹と思われる。

追いかけても間に合わない。顔は見られていないはずだから、今は逃亡に全力を傾けるべきと判断。

玄関から飛び出し、近くに停めていたバイクにまたがり一気に加速——と、ここで毎回目が覚めるのだ。


「——っ！　はぁっ、はぁっ」

布団から飛び起きると、隣で眠っていた舞元の妻が声をかけてきた。

「また例の夢？　ここの所、ずっとよね」

額の汗を拭いながら、舞元は「……悪い、起こしたか」と謝る。

「やっぱり病院で診てもらったほうがいいんじゃない？」

「ただの夢じゃけえ……」

「でも……」

妻に心配をかけるのが辛かった。お腹の赤ん坊にも悪い影響を来すのではないかと不安になる。

しばらくは別々の部屋で寝ようと提案するが、却下された。

お互い何かあった時のために、傍にいてくれたほうがいいと言われたら、何も言い返せない。

「何で急に、こげなおかしい夢見るようになったんじゃ……」

それから十年近く経過しても、同じ悪夢に襲われ続けた。流石に毎晩ということはなくなったが、月に一、二度は必ず見てしまう。あまりにも見すぎて、最初の頃の恐怖はしだいに薄れていた。

ある日、舞元は街でチラシを配る男性と遭遇。差し出されたチラシを何げなく受け取ると、見出しに【犯人逮捕に繋がる情報提供者には最高三百万円】と書かれていた。

気になったので、しっかり読んでみる。

『平成十六年十月五日、広島県廿日市市上平良の住宅にて長女と母は刺殺されました。事件発生前後、自宅近隣でバイクに乗った不審な若い男を見たという目撃情報以外は、犯人逮捕に繋がる有力な情報が出ておりません。

捜査特別報奨金制度の対象となったこともあり、懸賞金をつけさせていただきます』

一緒に掲載されている被害者女性たちの顔写真を見て、舞元は息を飲む。

(……夢で見た被害者と……似とる……?)

慌てて事件に関する情報をインターネットで集めまくった。

『長女は自室で仮眠している最中、侵入した犯人と鉢合わせ――玄関で刺殺。悲鳴を聞いた祖母にも男は襲いかかり、背中や腹を複数刺して逃走――次女は裸足で近所の園芸店に助けを求めに行き、襲われずに済んだ――病院に運ばれるも、長女は出血多量で死亡、祖母はその後回復――』

夢で見た内容と、ほとんど一致していた。

あの夢は、もしかすると殺人犯の意識、記憶なのではないか。だが、そんな非科学的なことがあるだろうか。

怖くなって妻に相談すると、警察に言うべきでは、と言い出す。

「言うたところで、鼻で笑われるだけじゃろ……頭おかしいんか思われるわ」

「夢で犯人の顔は見てないの？　特徴とか」

「自分視点じゃけえ、顔は……いや、待てよ……？」

顔が分からないまでも特徴は分かる。立っている時の目線で身長がどれくらいか、ナイフの形や他にも――。

「バイクの車種！」

舞元は紙に夢で見たバイクの特徴を書いていき、妻と一緒に車種を調べていく。その結果、一台のバイクに辿り着いた。

「間違いない、このバイクだ……ん？　改めて見ると、これ以前どっかで……」

腕を組み、唸りながら記憶を蘇らせていく。

「――ほうよ、Aが話していたバイクと一緒じゃ」

「Aって、昔話してくれた仕事仲間を殴ったりする後輩？」

「ああ。奴の思い出が強くて夢にまで反映されたんか、それとも……」

「連絡先は分からないの？　直接どんなバイクに乗っているか本人に聞いてみればいいんじゃない？」

「会社の寮におったけど電話番号は知らん」

「そっか……じゃあ、どうする？」

「まぁ、ただの偶然じゃと思うけえ」

結局、舞元はAと連絡を取らないままでいた。

さらに数年が経過した、ある日。

出勤前に朝御飯を食べていると、舞元の妻が聞いてきた。

「そういえば最近、例の怖い夢を見たって話しないね」

言われてみれば確かに、と思う。あれだけ長い間悩まされていたが、ここ最近は見ない。

「心境の変化でもあった？」

「分からんのう……これといって変わった気はせんのんじゃけど」

そんなやりとりをして現場へ向かうと、仲の良い事務のおばちゃんから話しかけられる。

「舞ちゃん舞ちゃん、アンタずっと前に、山口県の現場へ出張してなかったっけ？」

「ああ、ありましたよ。それがどうかしました？」

「どうもこうも、何かそこへ逃亡中の殺人犯が潜んどったらしいんよ」

「逃亡中の……殺人犯？」

舞元は真っ先にAを思い浮かべた。

(まさか、そんな……)

動揺で指先を震わせながら、あの時お世話になった現場監督へ電話をかける。

『おお、舞元か。久しいけど元気にしとるんか？』

「御無沙汰しています。あの……昔俺が教育したAっていたでしょ。アイツ、まだ会社で頑張ってます？」

『……ああ、Aか。どしたんや、新聞記事でも読んで電話かけてきたんじゃないんか』

「新聞記事……？　何のことですか？」

『アイツは殺人の容疑で警察に捕まったわ』

ぐにゃりと、目前の景色が歪んで見えた。

詳しい話を訊ねると、舞元がいなくなった後もAは問題を起こすことがあったという。仕事仲間と言い争いになることもあったが、特にひどかったのは「イラついた」という理由で部下の左足上部大腿部を後ろから蹴り上げ、傷害として警察に通報された件。その際に山口県警察がAの指紋を採取。未解決事件の遺留物の指紋と照合したところ、一致したので今度はＤＮＡを採取。鑑識や鑑定を経て、逮捕に繋がった。

Aは事件当日に山口県から広島県廿日市市の犯行現場までバイクで向かったという。犯行動機に対しても「以前勤めていた会社を解雇され、自棄自暴になっていた。通りすがりに犯行に及び、誰でも良かった」と供述。実際は寝坊して会社に遅刻したことで世界が終わったように感じ、自暴自棄になって逃げ出したのだという。

舞元は、今回の一件について思うことがある。

長きに渡って見ていた悪夢、あれは被害者女性が無念を晴らしたくて見せていたのではないか。そして犯人が捕まったのをきっかけに、夢を見なくなったのではないか。

もし夢で見たバイクとAの乗っているバイクが一致していると分かった際、山口県に向かうなどして直接Aと会っていれば、もっと早くに事件は解決していたのではないか。

そして――舞元がAの住む部屋を訪れた際、何故彼はチェーンまで掛けてドアを施錠したのか。

今思い返してみても、あの行動は不自然でしかない。

もしかすると、Aが無断欠勤をした理由は、前日に酔いに任せてうっかり事件の内容を舞元に話してしまったかもしれないと思っていたからではないか。あの時、舞元は何も覚えていないと答えたが、もしAの語った内容をそのまま教えていたなら、どうなっていたか……。返答によっては、Aは部屋で舞元を殺害しようと考えていたのかもしれない。

「十年以上も未解決として取り沙汰されていた事件に自分も関わっていたと思うと、恐ろしく感じる。Aは終身刑みたいだが……」

もしAと会う機会を設けられたら何を話す？　と私は訊ねる。

「……そうだな、とりあえず……居酒屋での弁償代を請求しようと思う」

おどけてみせる舞元だが、私にはどこか寂しそうな表情に見えた。

臥龍山

広島県山県郡北広島町の八幡高原の中心に位置し、広島百名山のひとつでもあるこの山は、竜が伏臥しているようなゆったりとした山容から臥龍山と名付けられた。

標高一二二三メートル、樹齢数百年を超えるブナの原生林は神秘的で、名水『雪霊水』が湧き出ていることでも有名である。

そんな臥龍山で最近「女性の呻き声が聞こえる」という噂が流れているらしい。

真実を確かめるべく、まずは情報をくれた方とメールのやりとりを行った。

『先日、家族で臥龍山に登った時の話です。道中、小学生の娘が「女の人の声が聞こえる」と言い始めました。その日は私たちの他にハイキングを楽しむ者はおらず、猿や鹿が鳴いているのかもねと適当に濁したのです。ですが「絶対に違う」と言います。怖くなって引き返そうか悩んでいると、今度は妻が突然叫び声をあげました。どうしたのか聞いても怯えるばかりで答えないので、無視して先に進もうとした瞬間——耳元で妻ではない女性の声が聞こえたのです。「……どうして……」と』

臥龍山の心霊情報は最近になって急激に増えていると地元でも聞く。ひとつ思い当たるのはある痛ましい事件だ。

平成二十一年十一月、山頂付近の崖下で切断された人間の頭部が見つかった。

第一発見者の男性はキノコ狩りに訪れていて、折れた切り株の傍に何かが置かれていることに気づく。近づいて確認すると、女性の頭部だったという。

捜査の結果、それは先月末から行方不明になっていた島根県の女子大生と判明。広島・島根両県警による大規模捜索の結果、同場所で胴体と左足首も発見される。

被害者の女性は島根の大学に通っており、失踪前日もアルバイトに勤しんでいた。午後二十一時、店のゴミ出しを行い帰宅する彼女を防犯カメラは撮影している。交際相手はおらず勉強熱心な学生だったとバイト仲間も証言。発展途上国を支援するボランティアサークルに所属して積極的に活動するなど、悪い噂は一切なかった。

そんな娘と連絡が取れず不審に感じた母親が捜索願いを提出。最悪な結果となった。


捜索は続き、さらに親指の爪や破片、肉片や骨が見つかる。

広島県警によると、遺体顔面に皮下出血と筋肉内出血が認められた。死因は紐状のもので首を絞められたことによる絞殺、死後に遺体を切断、ただし胴体は四肢とは別の刃物で切られた傷があったと説明される。

あまりにも惨い状況に、被害者は人間以外の動物に噛み千切られた可能性があるなどという意見も出たほどであった。

それでも現在に至るまで両腕・左右脚（足首、大腿骨以外）は発見されていない。

警察は猟奇殺人犯の足取りを追うべく連日捜査を行うが、決め手となる情報は得られぬまま、実に七年の歳月が経過した。

ある時、再度不審車両の洗い出しを行った際に一台の車がNシステム（自動車ナンバー自動読み取り機）を避け裏道を走行している情報を得る。

その車を運転する当時三十三歳の男が犯人候補に浮上、警察官が彼の住む元へ訪れると、既に死亡していることが発覚。

中国自動車道下り車線でガードレールに追突し、炎上。同乗していた母親とともに亡くなった。その際、ブレーキ痕やスリップ痕は一切なかったという。

彼は周囲に「墓参りへ行く」と報告し、母親とともに車に乗り込んだ。この日は女子大生の遺体が発見された二日後。さらに男はＳＮＳで「家の近くで墓参りを済ませた」という書き込みをしており、それが事実ならば墓参りを行うのに高速道路を利用する必要などなかったことが分かる。

不可解な点が多く、警察は男について詳しく捜査。すると彼は二十八歳の頃に三件の強制わいせつ事件容疑で逮捕され、懲役三年六ヶ月の実刑判決により服役していたことが発覚。さらに遺品の中からデジタルカメラとＵＳＢメモリも発見された。

このメモリが、犯人逮捕の証拠となる。

男の手によって消去されていた画像を解析チームが復元、そこには四十枚の写真があり、その中に切断前後の遺体画像、損壊に使用されたとされる文化包丁、男自身の足が写っていた。

写真背景から男が住んでいた借家の風呂場で遺体を解体した可能性が高いと判断。詳しい殺害場所や犯行日時は分からなかったものの、残された証拠から男死亡のまま書類送検、捜査終結となる。

恐らく彼は女子大生を殺害後、臥龍山にて遺体遺棄。何食わぬ顔で生活をしていたが二日後に遺体が発見されたことに焦り、母親を道連れに自殺を図ったのではないか。

証拠として彼は事件後、周囲に「大変なことをした」と漏らしていた様子。さらに会社にも「勤務先を変えてほしい」と相談していたという。


凶行に及んだ殺人犯は、どのような人物だったのか。

山口県下関市で生まれた彼は両親、弟の四人暮らし。近隣住人からは大人しい子と印象も薄かった様子。

九州の大学に進学したがバンド活動へ打ち込むようになり中退。将来はプロドラマーを目指していたが二十五歳の時に筋肉がこわばる病気ジストニアを発症。左手の細かい作業が困難となり、夢を諦めることとなった。

失意の彼は一念発起して上京を果たすも、路上で強制わいせつ罪を起こしてしまう。懲役を終えた後は地元である下関に戻り、アルバイトをしつつ住宅設備会社の営業マンとして働き始める。

その担当エリアに今回の被害者女性が働いていた店もあり、ここで彼女を標的として選んだ可能性は高い。

勤務態度は真面目で、数百万円もする設備を数ヶ月の間に六件も契約を獲るなど仕事において非常に優秀だった。だが、そんな彼を知る友人は「内気な性格だがプライドが高く、よく虚勢を張っていた」と話す。

ちなみにＳＮＳで彼が最後に書き込んだ内容は被害者女性が行方不明になった六日後。

『一般家庭の消費電力の実態について調べています』

さらに事件について情報を集めていると、友人がこんなことを呟いた。

「臥龍山……ああ、あの心霊動画で有名な」

気になったので『心霊　臥龍山』で検索をかけると、動画はすぐに見つかった。

島根女子大生殺人事件として報道されたニュース、深夜の臥龍山にてリポーターが原稿読み上げと同時に女性の声が聞こえる。

――スタジオ、女性キャスター
『広島県内の山の中で、島根県の女子大学生の遺体の一部が見つかった事件、広島から捜索の最新情報を報告です』
――事件現場、男性リポーター
『広島（スゴイ）県（イタカッタ）北広（ドウシテ）島町の（ワタシダケ）臥龍山林道の入り口です――』

リポーターの背後中央に「人の顔らしきものが映っている」という視聴者の声もあった。

他のVTR音声が混ざってしまったという説もあるが、原因は分かっていない。

霊について詳しい住職から電話で話を伺うと、こんな話をされた。

『話を聞いて、まず気になったのは死因だ』

凄惨な殺され方だったと聞く。成仏できず霊が彷徨っている可能性は高いのではないか。

『いや、被害者女性ではない。男の方だ』

何が気になるというのか。高速道路で母親とともに事故死、不思議な感じはしない。

『車が炎上しての焼死……勿論ありえる話だが、どうも都合が良すぎる気がしてな』

見通しの良い高速道路での事故。ブレーキをかけた様子もないことから故意でぶつかったと思われているが……。

『立場的に、ふと考えてしまう。男は母親を連れて逃亡中、ありえないものを目撃した。それから逃れようと猛スピードを出し、ガードレールに激突した……とかな』

その発想はなかったので、私は背筋が震えた。

『まぁ、そんな男のことは考えても仕方あるまい。それよりも事件記事を読んだが、彼女の遺体はすべて揃っておらんのではないか？　訴えたいものがあるとすれば、それらの場所を見つけてほしいのかもしれん』

　警察が何万人も導入して見つからなかったのだから、自分たちがどうこうできる問題ではないとは思う。

『それでもだ。こちらができることがあるとすれば、臥龍山に赴き線香を焚き、念仏を唱えるのみ。トシ、お前はいつなら予定が空いている？』

　山で聞こえたという女性の声。

　勿論すべては推測にすぎない。まったく別の魂の声なのかもしれない。だが、それが誰であれ、救いを求める魂がいるのならば、龍の静かに伏臥する山で安らかに眠れることを願うばかりだ。

　被害者女性の御冥福を心よりお祈り申し上げます。

深夜タクシーにまつわる都市伝説

大学を卒業した私は、絶望のどん底にいた。

児童カウンセラーになる夢を中学時代に抱き、大学まで進学。努力してきたつもりだが、その夢は叶わなかった。何度でも挑戦する選択肢もあったが、学校側から諦めろと宣告されて心が折れてしまった。気持ちの切り替えもままならず未練を引きずり、就職活動にも力が入らなかった。結果、卒業までに働き先を決められず、地元広島へ戻る羽目になった。

さすがにここで目が覚めた。親に心配をかけまいと尻に火が付いた私は面接を受けまくり、ようやく採用を頂いた会社は先物取り引きの営業職。何故そこにしたかと聞かれれば給料が良かったというほかない。

時代はまだブラック企業という言葉も浸透しておらず、ハラスメントだと訴える者さえいなかった。仕事は見て覚えろと言われて説明もなく、お前に与える机は勿体ないと社内では常に隅で立たされた。嘘のような本当の話だ。

同期とは一ヶ月の差があり、新卒にも拘らず中途採用枠。そのせいで話しかけられても基本無視をされ、孤立するのに時間はかからなかった。

それでも辞めなかったのは、入社を喜んでくれた家族の期待を裏切りたくない思いと、大人とは社会とは、つまりこういうものなのだろうという己の無知が幸いしたからと思う。

さらに追い打ちをかけられたのは、同じ会社の人事課長である四十代女性につけ狙われたことだった。ある日いつものように社内で一人昼食をとっていると、その女性から声をかけられた。

「肩こってない？　私、楽になる方法を知っているから」

とても断れる雰囲気ではなかったため、嫌々ながらも「お願いします」と伝える。てっきり後ろに立って肩でも揉まれるのかと思いきや、お互い向かい合うように座って目を閉じろと言われた。冷や汗をかき、身体を硬直させながら言う通りにするが一分が経過しても変化がない。不気味に思った私がバレないように薄目を開けると、女性は目を閉じて何やら呪文を唱えつつ私に手をかざし、動かしているのだ。

しばらくすると「はい、終わり」と言うので目を開けると、さも疲れたという態度を取りながら「肩こりはどう？」と聞かれた。どうも何もありはしないが、瞳孔の開いた目で顔を寄せられたので、思わず「そう、ですね。楽になりました」と答えてしまった。それに気を良くした相手は満足そうに頷きながらさらに言葉を続ける。

「私、実は神様から力を与えられているの。貴方、興味ある？　あるでしょう？　週末に教祖様から神様の力が込められた水を頂けるのよ。それを飲めば、貴方だってきっと力に目覚めるわ。週末、予定は？　ないでしょう？　ある訳ないわよね。そうしたら朝の八時に駅で集合にしましょう、ふふふ」

早口でまくしたてられ、勝手に約束までされてしまう。

入社する前は「ウチの会社は土日休みの完全週休二日制、残業はなく未経験者でも一から教える制度を設けていて、アットホームな会社だよ」と言われていた。

蓋を開ければ始発のバスに乗って毎朝社内の清掃と各机に新聞を置く作業、コピー紙の補充やごみ出しを終えて八時には会社の玄関前にて大声で朝の挨拶を行わなければならなかった。

日中は先輩たちのために延々とタウンページの端から端まで電話をかけ、夕方からバスの最終時間までは金融資格を取るための自主勉強。土曜は他の社員は休みの所、お前は何かあった場合にすぐ連絡を行うよう社内にいろ。タイムカードは切るなと言われた。

それ故に唯一の休みである日曜日は死んだように眠ることが多く、待ち合わせなど初めから行くつもりはなかった。そもそも自分は一言も行くなどと言っていないのだ。だから、仕方ない、自分は悪くないという言い訳をしながら。――が、勿論そんな言い訳が通用するはずはなかった。

翌日から女性の嫌がらせが始まった。社員証を女性トイレの中に放り込まれたり、人事課長という立場を利用して私の履歴書を閲覧、連日実家に無言電話がかけてきたり……。

そんな私を唯一心配してくれたのが、一年先輩の田角という社員だった。普段から色々と気にかけてくれた上に、資格の勉強で分からない所を教えてくれることもあった。

ある時、田角先輩が発起人で新人歓迎会が行われる話が出た。正直行きたくもなかったが、田角先輩がどうしても来てほしいというので参加する。

会場は居酒屋で、男女五名ずつの計十人で座敷を貸し切り開始された。私はほとんど酒が飲めないので、最初に注文した大ジョッキのビールを延々とちびちび飲みながら、黙って周りの話を聞いていた。

「そういえば、この店って新天地公園近いですよね？　田角先輩、知ってます？　最近、噂されている地元の都市伝説」

「都市伝説？　どんな？」

「何でも、夜中の四時四十四分に新天地公園前でタクシーを拾うと運転手に殺されるらしいんですよ」

「殺される？　どうやって？」

「私が友達から聞いたのは、眼鏡をかけたオッサンが運転手らしくて。目的地を告げたら近道を知っているから、そこを通るって言われるんですって。それで山道のほうに向かわれて、突然エンジントラブルだって言って停車するんです」

「ああ、なるほど。それで修理を手伝えみたいな感じで車から降ろし――みたいな？」

「そうですそうです。何だ、知ってるんじゃないですかぁ」

「いや、典型的な手だと思ってさ。でも気になるよね、今晩そのタクシー探してみるか」

笑いながら、そんなことを言っている。

確かに興味深いが、いかんせん矛盾も多いと私は感じた。

近道を知っているからと山道へ向かう時点で無理がありすぎる。目的地が近い場合は、どのような言い訳をするのか。エンジントラブルと嘘をつき停車するまでは分かるが、その際に手伝うことを拒否したら殺されずに済むのか。そもそも四時四十四分という時間も怖がらせようとする意図が強すぎて嘘くさすぎる。少し待てば始発が動き出すような時間帯に、わざわざ高額のタクシーに乗ってまで帰ろうとする者がどれだけいるだろう？

都市伝説を作るなら、もっと真実味がある作りにすべき。

そんなくだらないことを考えていると、参加者の一人である社員が私に絡んできた。

「おいテメー、全然飲んでないじゃねえかよ。そういう態度取られると、場が白けちまうんだよなぁ。どうすんだよオイ」

完全に言いがかりだが、反論はしない。

すると男は「よし分かった」と言って手を叩く。

「オラ立て。今から俺とジャンケンしろ。んで負けたほうがビール一気飲みだ」

今でこそ絶対にやってはいけない行為だが、当時は規制が緩い。周りを煽るだけ煽り、もはや断れない状況を作り出す。さらには――。

「俺はパーを出す。分かってんだろうな」

気づかれないように小声で言われる。元々会社で居場所のない自分だが、これ以上波風を立てたくない気持ちはあった。

「おら、行くぞ！　最初はグー！　じゃんけん……ぽんっ！」

故に、相手の望む通りにする。

「おっしゃー、俺の勝ちィ！　おら、一気だ一気！　絶対に残すんじゃねぇぞ！」

私は大ジョッキを一気に空ける。すると調子付いた男は「次だ次！　二回戦！」と言って店員を呼び、大量のビールを注文した。

「最初はグー！　じゃんけん……ぽんっ！　おらぁ、また俺の勝ちだ！　おいおい、ザコすぎんだろオマエ！」

こうして私は、何杯も何杯もビールを飲まされ続けた。次第に視界はぐるぐると回り、膝に力が入らなくなってしゃがみ込んでしまう。

「おいおい大丈夫かぁ？　がははは！　見ろよ、焦点が定まってねぇ！」

「ヤッバ、ウケるんだけど」

「写真撮れ、写真。明日、他の奴らにも見せてやろうぜ」

朦朧とする意識の中で、相手の言葉だけはやけにはっきりと聞こえた。人間が死ぬ際、最後に停止する機能が聴覚だと聞いたことがある。

「――先輩、こんなモンでいいっスか？」

「ああ、十分だよ。んじゃ、こっちも連絡入れるわ」


猛烈な吐き気と頭痛によって強制的に目覚めた私は、椅子に座らされていることに気づいた。

狭い空間に拘束された身体、眼前の窓から見える光景は右から左へと次々に流れ去る。

これは……車？

いつ乗ったか全く覚えていない。もしかして自宅へ向かってくれているのだろうか。そんな淡い期待は、すぐに打ち砕かれた。

「あら、目覚めたのねぇ」

ねっとりとした口調には聞き覚えがあった。おそるおそる頭を動かし、横を見る。

そこにはハンドルを握る人事部長の女がいた。

「着いたら起こしてあげるから、まだ寝てていいのよぉ？」

喋ろうとしたが、舌が痺れて呂律が回らない。それでも何とか言葉にすると、相手は視線を前に向けたまま答える。

「どこに向かっているのか聞きたいの？　勿論、神様のいらっしゃる場所よ？　貴方、言ってたじゃない、私と生涯寄り添っていきたいって」

恐怖で背筋が震えた。この人は普通じゃない、早くここから逃げ出さなければとんでもないことになる。

もう一度、窓の外を確認する。高速道路に入っているようで、扉から脱出しようものなら命の危険を伴う。まさに監禁状態という奴だ。

さらに酔いのせいで手足の力も入らない。逃亡を図ったところで遠くには行けそうもなく、逃げたうえで捕まれば恐ろしい報復を受けるだろう。とはいえ、このまま相手の思う通りにことを運ばせる訳には絶対にいかない。

私は身体を小刻みに揺らし、女に対して「トイレに行きたい」と告げる。

「もうすぐ着くから、我慢しなさい」

感情の一切籠もっていない声だった。可能性は低いが、これに賭けるしかない。口からでまかせで「最初から逃げるつもりはない」「神様の元へは綺麗な身で行きたい」「車内を自分の排泄物で汚したくない」など一気にまくしたてる。

女は舌打ちをした後、車の方向指示を出す。しばらくするとパーキングエリアが見えてきて、巨大な駐車場に停車する。

「トイレには私もついていくから」

まともに歩けない私の腕を掴み、トイレへ先導された。入り口まで到着すると「五分経って出てこなかったら、分かっているわよね」と脅しをかけられる。

私は壁に手をつきながら、何とか中へ入った。時間がない、急いで脱出の方法を考えなければ。

周囲を見渡すが、トイレの窓は小さすぎて抜けられそうもない。出口は一ヶ所しかないので、絶対に女の前を歩く必要がある。

どうしたらいいんだと、涙目で床に崩れていると個室トイレから水を流す音とともに中年男性が姿を現す。私の様子を見て「何だコイツ」という目を向けてきた。

そんな男性が私には救世主に思えた。「あのっ、すみません！」と土下座するような恰好で声をかける。必死で今の状況を説明した。「ヤバい女に捕まって、このままでは殺されてしまう、助けてください」と。

酔っぱらいの戯言かと最初は信じてくれなかった男だが、そっとトイレの外を覗くと不気味な女が爪をガリガリと噛みながら仁王立ちしているのを見て、私の言っていることが嘘ではないと理解してくれた。

「助けるっつうて、どうしたらええんじゃ」

少し考えた後、一芝居打ってもらうことにした。「外の女に、中の男は窓から抜け出して向こうへ走っていったぞと告げてほしい。その隙に私はここから脱出します」と。

「脱出っちゅうて、ここは高速のパーキングやぞ。その後にお前、どこへ――」

そこまで話して、男は溜め息を漏らす。頭を乱暴に掻きながら「しゃあないのう」と告げ、「兄ちゃん、どこから来たん？　広島？　送ってやるわ」

本当ですかと喜びを露わにし、そのまま私はありがとうございますと土下座した。

「ほったらかして何か起こったら、こっちも気が悪いけぇ」

男は計画通りに女をトイレから離しに向かう。しばらくすると女の「きいぃぃいいいいいいいい」という奇声が聞こえてきた。

「女は走って反対側へ向かった！　早う来い！」

千鳥足で男についていく。複数の大型トラックが停車している場所まで来ると、一際目立つデコトラの姿が目に飛び込む。

「乗れ！　すぐに出るで！」

エンジン音とともに煌びやかな装飾が目を覚ます。よじ登るようにして助手席に乗り込み、扉を閉めたのと同時に車は発進した。

「本当に……ありがとうございます」

深々と頭を下げる私に、男は「ええけぇ、男が簡単に頭を下げげんな」と言う。

「見た目からヤバそうな女じゃったが、何があったん？」

助けてもらった手前、きちんと説明すべきと思った私は一部始終を話す。

「そらぁ新興宗教かもしれんで」

男性の親戚も、実は新興宗教に入れ込んだらしく大変だったと言う。

「何がタチ悪いって、自分は良いことをしとると思うとる所よ」

それは確かに。とはいえ私が過去に付き合った女性の中で宗教に入っていた方もいたが、あれほどまで常軌を逸してはいなかった。やはり人によるのかもしれない。

「あとは言いたくないけどのぅ……おそらく飲み会自体が、お前をハメるために催されたんじゃ思うで」

私もそれは感じていた。きっと、あの女が先輩を使って計画を立てたのだろう。

「言っちゃあ悪いがよ、お前の勤めている会社……普通じゃねぇ。悪いことは言わんけぇ、さっさ転職せえ。同じ会社で働く仲間に、そがな仕打ちするなんざ先はねぇ。放っといても、どうせ潰れるわ」

「そう、ですよね」と気のない返事をして私は俯き黙る。

その姿を横目で見た運転手は、言いにくそうに話してくれた。

「儂も色々あって、今の長距離トラックの仕事へ転職した。そこに至るまで紆余曲折あったが、すぎてしまえばすべて思い出よ。お前はまだ若い、何回だってやり直せる」

前職は何をされていたのか伺うと、男は「タクシー転がしとった」と言う。それで私は何げなく先ほど居酒屋で聞いた都市伝説を話題に出す。

「四時四十四分にタクシーへ乗車すると運転手に、か……」

窓を少し開け、煙草に火を点けながら男は語る。

「その都市伝説は初耳じゃが、似た事件なら知っとる」


広島県内で女性四人が相次いで殺害された。後に「広島タクシー運転手連続殺人事件」と呼ばれる事件だ。

加害者は当時三十四歳男性、タクシー運転手をしていた。彼は宮崎県で多くの山林を持つ大地主の末っ子として生まれる。成績も進学校で常に上位を維持し、野球部の主将を任されるなど地元でも名が知られた人物だったらしい。

順風満帆だった彼に転機が訪れたのは高校卒業の頃。教師か公務員になるべく大学受験に挑むが失敗。滑り止めで入った大学でも挫折感を払拭することができず、高校までの友人と連絡を絶ち、大学の同級生らには「お前らとは違う」と見下すようになった。

講義にも出ず酒やギャンブルに溺れた結果、四回生留年を期に中途退学。その後は地元宮崎の市役所臨時職員として働くも素行はひどくなる一方で、オートバイの酒気帯び運転、遊ぶ金欲しさによるひったくりの常習、さらには民家へ侵入し包丁を突き付ける強盗事件まで起こし、懲役二年の実刑判決を受けた。

服役中に結婚を考えていた女性とも別れることになり、男は出所しても宮崎の実家へ戻ることはなかった。

その後、広島へ移住した彼は叔父の元へ身を寄せ、タクシー会社への再就職を決める。最初こそ真面目に働いていたが、その内コンプレックスが再発。「俺はタクシー運転手などやっている人間ではない。国家公務員として地位も名誉も約束されるべき人間だったのに」と、再び飲酒やギャンブル、女遊びに手を出してしまう。結果、消費者金融から金を借り総額は五百万を超えていた。

再び男に転機が訪れたのは、叔父の紹介による女性との結婚だった。新興住宅地で建売住宅を購入、住宅ローンを実際より四百万円上乗せして組み、さらに妻の貯金などを使って借金完済。長女も誕生したことから再起を図ろうとした。

気持ちに余裕が出た最中、再び男に試練が訪れる。妻が精神疾患を発症。意味不明な言葉を呟いたり奇声を上げたりするので強制入院させ、娘は妻の実家に半ば強引に預けた。一人になった男は再び酒や遊興に明け暮れ、そんな態度を見かねた義実家は娘とも会わせなくなる。結果、借金だけが増え続けていくことになった。

給料のほとんどが返済に回され自暴自棄に陥る彼だが、ここまで来ても尚「自分の不運は周りの奴らのせいだ」と考えていた。その一方で「どうせ俺なんか」と独り言を呟き、仕事仲間たちからも不気味がられる存在へ成り下がってしまう。

仕事ぶりも荒れる一方で、車内に空いた缶ビールが転がっていたり、女性客に対して性交渉を図ったりとタクシー会社にクレームが届くことも度々あった。

そんな男が最初の殺人を犯したのが、一九九六年の春。

当時から売春や援助交際のメッカだった新天地公園を通りかかった際、男は少女Aと出会う。二万円での性交渉が快諾となり、商売道具であるタクシーで缶ビールを購入した後ラブホテルへ入った。行為に至る直前で少女Aは「行方不明になった父の借金を返済するために大阪から働きに来た。今回の十万円を返せば完済となるので、呉市に向かう途中だった」と話す。男は少女Aに同情し、性行為をしないまま彼女をタクシーで広島市内から二十キロ離れた呉市まで送ってあげることにした。

その道中で男は悪魔の囁きを聞く。

「女は借金返済の十万円と自分が渡した二万円を持っている。それだけあれば今月の借金返済が賄《まかな》えるし、さっきの話では身寄りが大阪にしかいないと言っていた。強引に奪えば窃盗としてすぐに逮捕されるが、殺してしまえば捜索願いも出されない。山に埋めれば見つからないし、遺体を見つけられた所で自分とは接点がないから疑われることもないだろう」

呉市街地の街明かりが遠くで見え始め、時間がないと考えた男は決断する。

殺害現場となる人気のない空き地へ車を停め、燃料切り替えスイッチ操作だけでエンジンが停止するタクシーの特性を利用し、エンストを装った。そして少女Aに「エンジンの調子が悪く配線チェックをするから手伝ってほしい」と頼んだのである。

どうすべきか戸惑う少女Aに対し、男は背後から自身のネクタイを使って首を絞め、窒息死させた。不思議と重罪を犯した恐怖より、うまく殺せたという達成感が強かった様子。

だがここで計算外のことが起こる。彼女の財布を確認するも五万円しか入っていなかったのだ。男は「騙しやがって」と激昂し、金を懐《ふところ》へ入れた後に二十五キロ離れた広島市安佐南区まで戻り、身元判明を防ぐために少女Aを全裸にして用水路土管内に遺棄した。

その後はタクシー会社へ戻り虚偽の運転日報を作成、奪った五万円で酒を暴飲したまま軽自動車を運転し原付きに衝突する事故まで起こしている。

男は何度も死体遺棄現場へ足を運び、遺体があるか確認していたという。けれども殺害から十八日が経過した時、ついに遺体は発見される。捜査の結果、少女Aは広島在住だったことをニュースで知った男は「あの女、嘘をつきやがって。同じ県内に住んでいたなら、自分も疑われて逮捕されるかもしれないじゃないか」と焦りを募らせた。

しかし、その後、男の元へ警察が来ることもないまま三ヶ月が経過。ニュース報道もなくなったため、自分は免れたと確信を得る。さらには「運が向いてきた。自分は絶対に捕まらない、特別な人間だ」と殺害への自信も深めていった。

殺人から三ヶ月後、男は変わらず夜遊びを繰り返していた。結果、消費者金融から督促状が届き、深夜にまで取り立てが来る事態へと陥る。当然、家族にもバレてしまい離婚騒ぎにまで発展。土下座をする形で貸し付けの停止を得るが、それにより金融業界全体から一切の借り入れができなくなってしまう。

金を捻出する方法を考えた後、再び売春婦を殺害して金品を奪う計画へ思考を巡らせる。毎夜、新天地公園へ出向き標的となる女性を物色。そこで女性Bと出会う。

現金三万円で性行為に及び、翌朝にラブホテルを出るとコンビニで缶ビールと軍手を購入。愛車のタクシーで山道に入り、少女Aの時と同様の手口で女性Bを絞殺。所持金五万二千円を奪った上で遺体を人気のない雑木林の勾配に遺棄した。

二度の殺人を経て男は、金品強奪の他に「他人を殺めることへの快感」に目覚めてしまう。

一ヶ月の間を置いて次の標的としたのが元々の顔見知りである女性Cだった。男は過去に女性Cに所持金を盗まれことがあり、元々いい感情は持っていなかったという。

事件当日、男はタクシーの一日ノルマに二万円足りず困っていた。そこで思いついたのが、Cを殺害して目標運賃収入と遊興費を同時に得る計画だった。

彼女の動向を前もって知っていた男は、何食わぬ顔で近寄り三万円でタクシーに誘い入れる。缶ビールを購入させ、真っ暗な山道まで向かうとベルトで絞殺。財布から八万二千円を奪い死体遺棄をする場所を探し回った。最終的に殺害現場から十キロ離れたコンクリート製の溝へ捨て、発見を遅らせるために近くの農家から盗んだビニールシートを被せた。

男の異常性は留まることを知らず、C殺害から一週間後には次の殺人を行う計画を立てていた。「三人も殺したので死刑確実」と恐怖する一方で「自分は選ばれた超人、捕まることは絶対にない」「小遣い稼ぎと同時に快楽も得られる」「何人殺そうが、もはや大差ない」と完全な殺人鬼の思考へ変貌。タクシーの稼ぎが再びノルマに到達していないことを理由に「今日中に女を殺して奪うか」と考える。

被害者となる女性Dに声をかけ、車内に連れ込むまで成功したものの、コンビニで缶ビールを購入するまでの僅かな時間に逃げられてしまう。

怒りの火が宿った男は、必ずDを見つけ出してやると意気込みタクシーを走らせた。その執念が実ったのか、再びDと遭遇。落ち着き払った様子で四万円を提示し性行為の了承を得る。直前で再び逃げられないよう気を遣いつつ、ラブホテルへ向かった。

性欲を満たした男は、女を殺すことで頭が一杯になっていた。いつもの手口で人気のない山道に入りエンストを装って背後から絞殺するつもりだったが、Dは警戒心の強い女性だったのだろう。「何か怖い、一人で帰る」と言い出す。

警察に駆け込まれたら終いだと感じた男は焦り、タクシーで追いかけるもDは「もうお金は要らないから」と渡した四万円を投げつけられてしまう。その行為が、男の神経を逆なでさせる。タクシーでDの前方へ回り込み、脅し用に購入していた果物ナイフを突き付けた。そして後部座席までDを移動させると顔面を十発近く殴りつけ、失神させた上で絞殺。所持金五万六千円を奪うまでは良かったが、計算外なことも起こってしまう。

タクシーの後部座席が、Ｄの血や糞尿で汚れたのである。

これはマズイと感じた男は、Ｄの遺体を国道添いの草むらへ投げ捨て、何食わぬ顔で会社へ戻ると誰にも気づかれないように客用シーツを新品と交換。汚れたシーツは自宅へ持ち帰り、翌日には普段通りにタクシーを運転していたという。

この女性Ｄ殺害が、事件解決のきっかけとなる。

遺体が発見された直後、被害者が遺体発見現場付近で男と一緒にいたというタレコミ情報が入った。さらにラブホテルをタクシーで一緒に出ていくのを見たという別証言も浮上。

警察は度々起こる絞殺事件が同一人物による犯行ではないか、土地勘の詳しさから広島市内に潜伏している可能性が高いのではないかと以前より考えていた。それらすべてに該当する男に対して、捜査本部は即座に逮捕状を請求。ついに逮捕へと動き出す。

その動きを察知した男は、早々に九州方面へ逃亡を開始。数日間、地元を転々とした後に一旦広島の自宅へ置きっぱなしにした荷物を取りに戻ろうと思いつく。

到着すると、そこには張り込みをしている警察の姿があった。慌てた男は同日夜に路上で盗んだ車へ乗り込み再び九州へ移動。その最中、山口県で交通検問に捕まり強行突破。

行き止まりにまで追い詰められ、とうとう山口県防府警察署へ連行されてしまう。

当初、警察は男が乗っていた車が同日未明に広島で盗まれた車であることに気づき、窃盗容疑としていた。しかし、取り調べていくうちに、広島県警から男に対し逮捕状が出されていることを知る。

取り調べの際、男はDの殺害と死体遺棄に対しておおむね容疑を認めた。その際に捜査員に対しD事件と関係ない地名や日時を口にしたため、警察はさらに追及。辻褄の合わないことを言い続けたが、最終的には別の被害者女性三名の殺害についても自供する運びとなった――。

とんでもない事件があったものだと、私は驚きを隠せない。

今でこそ新天地公園前の殺人タクシーは都市伝説とされているが、実際に起こった事件とは思いもしなかった。

煙草を灰皿へ捨てた後、男はさらに語る。

「話を聞くだけじゃ、とんでもない殺人鬼じゃけどな。酒さえ入っとらにゃ、温厚な人間じゃったで。周りからも真面目な人間じゃと思われとったしのう」

一度の挫折が男を狂わせてしまった。それは誰にでも起こりうることである。

「四人も女を殺して得た金は、たった二十万ちょい。ホンマに馬鹿よのぅ……」

遠い目をする彼を見ながら、私は先ほどから気になっていることを聞いてみた。

先ほど、長距離トラックの前はタクシー運転手だと言っていた。先ほどからずっと聞き慣れた方言で喋られているし、何より事件について詳しすぎる。

もしかして事件と何か――と話している最中、男は「着いたで」と割って入った。

つい数時間前に見た景色、私は広島市中区の薬研堀へ無事に戻ってくることができたのである。

助けていただいたお礼がしたいと連絡先を聞くが、男は「ええけぇ、そんなん」と言うばかりで教えてくれなかった。

「それより、儂のアドバイスは覚えとるか？　今の会社は辞めえ。仕事は他にも腐るほどある。お前をきちんと評価してくれる所に就け、ええな？」

私はその言葉に涙を零しながら「……はい」とだけ答える。

「ほいじゃあの！」

そういうと巨大なデコトラは私の前から走り去っていった。

元の居酒屋へ鞄を置きっぱなしにしていたので取りに戻る。当然、先輩たちの姿はそこにない。

店を出ると遠くの山が白けていくのが見えた。もうすぐ夜明けだ。

私は新天地公園へ立ち寄り、巨大なゴミ箱に鞄の中身をすべて捨てた。営業の資料や資格の教科書など、仕事で使うものをすべて。

鞄とともに、自分の気持ちまで軽くなった気がする。おまけに睡魔まで襲ってきた。

家に戻ったら仮眠を取り、そして会社に「辞めます」と伝えよう。

ふと見れば、タクシーがこちらへ向かってやってくるのが見えた。片手をあげて停車を呼びかけた時、腕時計が視界に入る。

四時四十四分。

できすぎだ。これはやはり……止めておくべきだろう。タクシーの通過を見送った後、私は自宅に向けて歩き始めた。

鏡山公園

東広島を代表する名所、鏡山公園。

国史跡・鏡山城跡の麓に整備された公園で、三十種五百本の桜は一見の価値あり。園内には池もあり、シーズンになると多くの観光客で賑わいを見せる。

だが同様に、有名な心霊スポットでもあった。


かつてここには鏡山城が建設されており、応仁の乱など数々の合戦の舞台になったという。土地には無数の死体が並び、井戸は血で溢れた。その証拠として公園内には数多くの慰霊碑や神社、石垣といった建造物の名残がある。

そんな霊魂が死地へと誘うのか、身元不明の遺体も度々見つかっていた。桜の下には遺体が埋まっているなどと言うが、美しい光景は安らぎや癒しを人々に与えると同時に、ここを最期の場所と決断させるのかもしれない。結果「ブランコがひとりでに動いた」「井戸から男の呻き声が聞こえた」など目撃情報が後を絶たない。

私の友人である瀬田（仮）も、鏡山公園で恐ろしい体験をした一人である。

彼女は、当時のことを思い出しながらこんなふうに語ってくれた。

——私は高校を卒業後、広島市内にある会社で事務員として働いていました。

毎年四月になると新入社員歓迎会と称して、鏡山公園で花見を行うのが通例になっていまして、掲示板に張り出された告知を見ながら楽しみにしていました。

しかし他の先輩社員は憂鬱そうな顔をしているのです。

自分の教育係である女性、紀伊島さんに何故嬉しそうじゃないのか訊ねてみました。

「聞かないほうがいいと思うわよ。その時がくれば、嫌でも分かる訳だしね」

どういう意味だろうと首を傾げましたが、聞かれたくないのかと思い、それ以上追及はしませんでした。

歓迎会当日、現地集合で朝七時開始と聞いて驚きました。私のイメージで花見は昼から夜にかけてするものだと思っていたからです。

「まぁ、その辺も複雑な事情があるといいますか……」

幹事も引きつった笑みを浮かべるだけで、相変わらず具体的な理由を明かしません。

「何か、歓迎してくれるってのに微妙な空気じゃね？」

同じ新入社員の男、山辺が話しかけてきます。入社式から馴れ馴れしく、苦手でした。

「花見が終わったらさ、二人で飲みに行かない？　いい店知ってんだ、俺」

丁重に断り、その場を後にします。後ろから舌打ちのような音が聞こえましたが、振り返る勇気はありません。

しばらくすると社長が長いスピーチを始め、完全に空気は白けムードに。せっかくクーラーボックスから取り出されたビールも温くなってしまいました。もっと楽しい時間を想像していたので、さすがにこれには辟易しました。

三十分以上も独演会は続き、ようやく「乾杯！」という合図がおりました。朝食を抜いていたので、お腹を満たそうとローストビーフに箸を向けた瞬間――。

「新入社員、こっちグラスが空いてるぞ」

突然の呼び出し。お酌をしろという意味に気づき、それに倣《なら》います。すると次から次へと中年男が「こっちにも酒」「早く注げ」と言ってきて、めまぐるしく動き回ることに。私をコンパニオンやホステスだと勘違いしていないだろうか。

「よし、御返杯してやろう。グラスを持ちなさい」

そういって強制的に飲まされる苦行。アルコールに強くないし、ビールの味など苦いだけにしか思えない私にとって、地獄のような時間でした。

自分はこんなことをするために入社した訳ではないのに。そんな気持ちが胸中で渦巻きました。


どれくらいの時間が経過したのか覚えていません。私は途中から記憶が飛んでいました。

ぼんやりとする思考の中、重い瞼を開けると苦手な山辺の顔が間近にありました。

「お、何だよ。気が付いちまったか」

何が起こっているのか分からず、焦って周囲を見渡しました。

見知らぬ部屋。横たわっている自分の身体。ゆっくり視線を落とすと、服を脱がされかけていることに気づきました。

「すぐに気持ちよくさせてやっから」

太腿に触れられた瞬間、怖気が走り、完全に正気に戻りました。

全力で突き飛ばすと、山辺はベッドから転げ落ち、痛そうにもんどりを打っています。

「――ってぇ！　何すんだテメェ！」

今しかない、そう思った私は素早く着衣を直し、床に転がっていた鞄を掴みました。

猛烈な頭痛に襲われましたが、そんなことに構っていられません。

「待てコラァ！」

裸足のまま外に出ました。振り返ると自分のいた場所がラブホテルだったことに気づき、涙が込み上げてきました。何で私がこんな目に遭わなければいけないのか。けれどもまだ安心はできません。

「見つけたぞオイ！　逃げんな！」

何と山辺が追いかけてきたのです。

周囲を見渡しますが、タクシーの姿はありません。交番があれば逃げ込めるのに、それもない。

とりあえず人通りの多いところへ向かおうとした時、鏡山公園入り口の看板を見つけました。もしかしたら会社の人間がまだ残っているかもしれない。一縷の望みをかけて園内へ駆け込みました。

「――」

想像もしていない光景に、思わず息を飲みました。

公園に、誰も人がいないのです。日中あれだけ大勢いたことが、嘘のように。

恐ろしさを感じ、引き返そうとした次の瞬間。

「よっしゃ、捕まえたぞ！」

何と山辺に追い付かれてしまいました。背を向けて逃げようとした時、腕を爪が食い込むほど強く掴まれました。

「おあつらえ向きに誰もいねぇ。ここで犯してやる、覚悟しろ」

力任せに傍らの桜の木に身体を押し当てられました。身動きはおろか、呼吸すらもしづらい状況。心の中で家族に助けを求めていると――。

「へへへ……ん……？　あ、あああ……！　ぎゃあぁああああああ！」

突然、山辺の口から悲鳴が上がりました。拘束を解き、何故か一目散に走り去っていくのです。

よく分からないけど、とにかく助かった……。

安堵して膝から崩れ落ちた途端、頭上から妙な音が聞こえました。

――ギッ、ギッ、ギッ……。

ゆっくりと顔を上げていく。そこには、桜の枝から縄を垂らし、首を吊る女性の姿が。

風によって、その身体が右へ左へ揺れ動き、不気味な音を立てているのです。

角度的に、ちょうど真下から見上げる形になっていました。土気色をした相手の顔は苦悶に満ちており、口からは泡が零れて……。

「――ッ！」

恐怖で顔を背けることもできないでいると――突然、相手の瞑っていた目がカッと開きました。その血走った眼を見た刹那、バチンという電気の走るような音とともに衝撃が走りました。多分、気を失ったのだと思います。


「――さん……瀬田さん、大丈夫?」

名前を呼ばれてゆっくり瞼を開けると、夕焼けの空が見えました。

ここはどこだろう、そう思って頭を動かすと、紀伊島さんの姿がありました。

「うなされていたから心配になって。結構飲まされていたものね」

そこは鏡山公園でした。一部の社員が歓迎会の後片付けをしています。

いったい何が起こったのか、改めて紀伊島さんに訊ねてみると。

「顔を真っ赤にさせながら、一生懸命オヤジに付き合っていたのは見ていたわ。しばらくすると横になっていたから、終わったら起こしてあげようと思って」

すべて夢だったのでしょうか。それにしては、あまりにもリアルでした。今も心臓はバクバクと言っていて、当分収まりそうにありません。

「起きれそう？」

大丈夫ですと言って手をついた瞬間、腕に痛みが走りました。

「どうしたの、血が出てるじゃない！」

それは、山辺に掴まれた場所でした。途端に襲われかけたことを思い出し、背筋がひやりとしました。

「山辺？　そういえば途中から全然姿を見なかったわ。もしかして黙って帰ったとか？　信じらんない」

信じてもらえないとは思いつつ、私は自分に起こった出来事を話してみました。先輩は聞き終えた後「ああ……」と複雑な表情で嘆息しました。

「今年こそ、何事もなく終わったかと思ったのに……」

意味深な言葉の後、先輩はやっとすべてを話してくれました。

「この鏡山公園で歓迎会を行うようになって、今回が三回目なの。不思議に思っていたわよね、どうして私たちが嬉しそうじゃないのか。何で朝の早い時間から始めるのか」

確かに、と私は頷く。

「毎年、ちょっと不気味な出来事が起こっていたのよ。はっきり言えば、首吊り自殺の霊が見えるって。夜桜を鑑賞しながら普通に歓迎会を楽しんでいたはずなのに、写真を撮れば顔が歪んでいたり、腕が一本多かったり……」

そういえば宴会中、写真を撮る者は誰もいなかった。あれはそういう理由だったのか。

「最初の年は歓迎会の後、当時の部長が交通事故に遭って亡くなったの。去年は新入社員の女性が自宅で首を吊って自殺。さすがに同じ時期に不幸が続くってことで、歓迎会中止の声も上がったのよ。すると『夜に始めるから霊が出るんじゃないか。だったら早い時間から開始しよう』ってことになって」

かつて、この公園で女性の首吊り自殺はあったのだろうか。

「分かんない。わざわざ調べる気にもならないじゃない、不気味だし」

確かにそうだと思います。だが結果としてその霊が現れなかったら私は今頃、山辺に襲われていたかもしれないのです。とはいえ感謝する気持ちにまではなれないのですが……。

「明日、一緒にお祓いへ行きましょう。放っておいて貴女の身に何か起こったら嫌だし」

わざわざ付き合ってもらうのは悪いと断りましたが、先輩はいいのいいのと笑います。

「有給休暇も余ってるし、いつ使うべきか悩んでいたから。せっかくだから美味しいもの食べて帰りましょうよ。プチ旅行って感じで」

先輩なりに元気づけようとしてくれたのかもしれません。私は一人っ子で、ずっと姉の存在に憧れを抱いていたので嬉しく思いました。


——彼女の心霊体験は、こうして幕を閉じた。

その後、山辺は一度も会社に姿を見せることはなかったという。一人暮らしをしていた様子だが、会社の連絡にも応答なし。無断欠勤を続けた結果、解雇処分となった。

風の噂によると、部屋の中に荷物は残ったまま。家族が捜索願いを出したらしいが、見つかったかまでは分からない。

数年後、瀬田は社内恋愛を経て結婚。娘を出産して幸せな家庭を築いている。

そんな三歳の娘に対して、決まって使う脅し文句があるのだとか。

「悪いことをすると、桜のおばけに連れ去られちゃうからね」

埴輪像

広島市西区・佐伯区、廿日市市といった西広島エリアには、かつて私も紹介したことのある己斐峠や魚切ダムといった全国的にも有名な心霊スポットが存在する。

それに引き寄せられてか、近隣では恐怖体験をしたという話が後を絶たない。

私の友人である佐久間かえで（仮）も、その被害に遭った一人である。

「少し長い話になるけど」と前置きをして、かえでは語り始めた。


私の父は若い頃からバイクが好きで、休日は自宅のガレージに籠もっているのが常だった。一ヶ月に一度、試運転を兼ねて日帰りでツーリングへ連れていってもらうことが、当時の私の楽しみになっていた。

小学校低学年の頃、その日も父が運転する大型バイクの後ろに乗って山口県へと向かっていた。順調に林道保井田線を進んでいると、突然激しい腹痛に見舞われた。用を足せる場所を探し、ようやく〈薬師ヶ丘第六公園〉に行き着いた。

「ここで待っているから、早く行ってきなさい」

命じられるまでもなく、私は公衆トイレに駆け込んだ。何とか危機を脱して外に出ると、父もバイクも姿が見当たらない。

「お父さん？　どこ？　お父さーん！」

園内を駆け回りながら大声を上げるが、父は現れない。

「おとう……ぐすっ……おとうさ……」

ついには泣きだし、道路へと出る。近くに三叉路があり、そこまで進んでいくと——。

「……なにあれ……おじぞうさま？」

当時は知らずに地蔵と思っていたが、実際は埴輪像だった。全身が赤茶色で、両目と口は空洞になっている。

埴輪は道端に三体、横一列で並び、それぞれに「喜」「怒」「哀」の微かな表情があった。

「……え……こわい……」

　はっきりと覚えていないが、とにかく怖かったことは覚えている。あまり近づかないようにしようと、埴輪に背を向けた瞬間――。

『――オイデ　オイデ』

　直接、脳に話しかけられる感覚。

　慌てて振り返るが、当然そこには埴輪しかいない。

　再び現場から離れようとするが、またもや『オイデ　オイデ』と声が聞こえる。

「おじぞうさまですか？」

　語り掛けるが、相手は同じ言葉を繰り返すばかり。それが延々と続くので、私は言うことを聞いてみた。

　三体の埴輪の前まで行くと、喋る言葉は『モット　モット』に変化した。

「もっと？　どこ？」

　端にある悲しそうな表情の埴輪に近づく。まるで引き込まれるように、穴の開いた目の部分を覗き込んだ。すると――。

〈向こう側〉から、こちらを覗く目が見えた。

『――ミ　タ　ナ』

血走った眼球をぎょろりと動かし、こちらを睨み付ける。

あまりの恐怖に悲鳴が上がりそうになった時、立ちくらみにでも襲われたような感覚に陥った。

我に返ると、私は真っ暗な場所に立たされていた。声を出そうとするが、うまく喋れない。

視線を巡らせると、微かに光が漏れている箇所を見つけた。精一杯背伸びをして、そこから外を覗く。

そこにいたのは、何と私自身だった。先ほどまでいた道路沿いに、俯いた自分が立っている。

偽者の私は一歩、また一歩と後ずさり、距離を取っていく。

(まって！　ちょっとまってよ！　あなたはだれなの⁉)

問いかけるが、相手は何も答えない。

（いかないで！　かえしてよ！　わたしの、かえしてよ！）

泣き叫ぶと、ようやく偽者が足を止めた。そしてゆっくり、俯いた顔を上げる。

『――――』

相手の顔を見て、息が止まった。両目と口に大きな穴が開いている。

まるで、埴輪のように。


「うああぁあああぁぁぁあああああ！」

自分でも驚くほどの声を上げながら半身を起こす。先ほどまで真っ暗だった場所は一転、高い空と雲が見えた。

「だ、大丈夫か、かえで！」

声がした方向を見ると、慌てた表情をした父の姿。

「……おとうさん……おとうさん！」

私は涙を流しながら父にしがみつく。

「よかった、目を覚ましてくれて本当によかった……」

優しく頭を撫でながら、父は事情を話し始める。

「かえでがトイレへ向かって十分をすぎても戻ってこないから心配になって、外から声を掛けたんだ。返事がないのでどうしようか悩んでいると、お前が履いていた靴が片方落ちているのを発見して……慌ててトイレ裏に回ったら、かえでが倒れていたのさ。あの時は本当に、心臓が止まるかと思ったぞ……」

その時のことを思い出したのか、父は涙を拭う。

「いったいどこへ行こうとしたんだ？」

「え、ちがうよ。お父さんがいなくなったんだよ！」

「お父さんがお前を置いてどこかに行く訳ないじゃないか。待っていると言っただろ？」

私も自分の身に起こったことを説明するが、話は食い違うばかり。

「地蔵に身体を乗っ取られた？　最近そういう絵本でも読んだんじゃないのか」

本気にしていないのか、笑いながら父は言う。

「その話が本当なら、公園の外に地蔵が並んでいるってことだよな？　ちょっと確認してみよう」

「だめっ！　ぜったい、だめ！」

父の腕を掴み、全力で抵抗する。

「そ、そうか。それではどうする？　ツーリングを続けるか？」

「ううん……おうちに、かえりたい……」

「分かった。病院へは行かなく大丈夫か？」

「びょういん、いかない」

私は、もう二度と埴輪像を見たくなかった。

再び父の運転するバイクに乗り自宅へ戻ると、驚いた表情をした母から「えっ、もう帰ってきたの？」と言われてしまう。

「お前が、かえでにおかしな本を読ますから……」

「え？　何言ってるの？　意味分かんないんだけど」

父と母が言い合うのを無視して自室へ戻る。

ベッドに寝転がると、急激な睡魔に襲われた。怖い経験をしたので、疲れたのかもしれない。

　ふと目を覚ますと、辺りは薄暗くなっていた。埴輪の中を思い出して怯えるが、見慣れた家具やぬいぐるみがあるのが分かって安心する。

　いつもなら夕食の準備ができたと母が呼びに来るのだが、姿が見えない。起こされる前に自分で起きられたことを自慢げに思いつつ部屋を出た。

「おとうさーん、おかあさーん」

　階段を下りてリビングに向かうが、明かりは消えたまま。もしかして二人で買い物にでも行ったのだろうか。

「わたしも、いっしょにいきたかったのに」

　ただ待っていてもつまらないのでテレビでも見ようとリモコンの電源ボタンを押すが、全く反応しない。おかしいと思って今度は照明のスイッチを押すが、こちらも無反応。

　段々と家の中も真っ暗になっていき、心細さに胸が締め付けられる。

「はやくかえってきてよ……おとうさん、おかあさん……」

　祈るような気持ちでいると、突然ピンポンと玄関の呼び鈴が鳴った。二人が帰ってきたのだと急いで玄関に向かうが、鍵を開けようとした瞬間にふと思う。

両親なら鍵を持っているので、呼び鈴を押す必要はない。

となれば来客ということになるが、常々母から「誰が来たか分からない時は、鍵を開けてはいけない」と言われている。

「どうしよう、どうしよう」

右往左往していると、外から声が聞こえてきた。

『かえでちゃん、開けて?』

女性の声が聞こえた。誰かは分からなかったため、訊ねてみる。

「おかあさん?」

しばらく無言が続いたが、そのうち返事が戻った。

『――そうよ、おかあさんよ。だから開けて?』

「おとうさんは? いないの?」

『いるわよ。だから開けて?』

すぐに分かった。これは母ではない、と。

玄関から離れ、自室へ戻ろうとした瞬間だった。

ドンドンドンドンドンドン！


突然、玄関扉が乱暴に叩かれる。

怖くなった私は階段を駆け上がり、洋服ダンスの中に隠れた。ここで待っていれば、父と母が助けに来てくれると信じて。

玄関扉を叩く音はしばらく続いていたが、やがて何も聞こえなくなった。諦めて帰ったのかと思ったが、遠くで扉の開く音が聞こえた気がして息を飲む。

裏の勝手口に鍵はかかっていただろうか？　もしかして、そこから侵入したのでは。

不吉な予感を抱いていると、今度はギシギシという音がした。

誰かが、階段を上ってこっちに来ている……。

がくがくと全身を震わせ、それでも必死に声を上げまいと口元を両手で押さえた。

ギシッ……ギシッ……キイィイイ……

自室扉の開かれる音が、すぐ傍で聞こえた。私を探しているのか、ミシミシという床の軋み音も続く。

（おじぞうさんだ……！　おじぞうさんが、むかえにきたんだ……！）

息を殺し、祈りながら侵入者のいなくなるのを待った。

（たすけて、たすけて、たすけて、たすけて！）

どれほど経過したか分からないが、気づくと足音が消えていた。

（……いなく……なった……？）

膝を抱えて丸くなっていた状態から、ようやく顔を上げる。おそるおそるといった感じで、目前のタンス扉に手を伸ばした次の瞬間——凄い勢いで、向こう側から扉を開けられる。

「——ひっ⁉」

そこに立っていたのは、間違いなく公園そばに置かれていた埴輪像。

口をへの字にして悲しそうな表情をしている。目は空洞のはずなのに、奥から微かな光が灯っているようにも見えた。

前で組まれた腕が動いたかと思うと、一気に両腕を掴まれる。抵抗もできないまま、私の身体は持ち上げられてしまった。

「いやだっ！　いやだっ！　おとうさん！　おかあさん！」

必死に助けを求めるが、誰もやってこない。埴輪は一言も語らぬまま、私を連れて部屋を出ようとする。

「うわあああ！　ああああああああ！」

バタバタと両足を動かすと埴輪の頭部に爪先が当たった。石を蹴ったような感触と痛みが広がるだけで、埴輪は全く怯まない。

一段ずつゆっくりと階段を下りていき、いよいよ玄関まで到着。何故だか分からないが、玄関外にも何者かの気配を感じた。埴輪像は三体いたので、他の仲間が待ち受けているのかもしれない。

もう助からない……暴れる気力も失って、ぐったりとしている時だった。

『――』

突然、聞いたことのない言葉が脳内へ流れ込んできた。耳からというよりも、直接脳内へ響き渡るような声。

それは私以外にも聞こえているようで、しばらくすると埴輪はぐるぐるとその場を回り始めた。苦しんでいるような様子を見せ、ついには頭上の私を落としてしまう。

困惑していると、今度は正面の玄関扉が一気に開放。夜だと思っていたのに、外から強烈な光が飛び込んできて、眩しさのあまり目を開けていられない。

「――で……かえで……！」

遠くで聞こえる父と母の声。このまま天国へ行くんだ、そんなことを思いながら、私は意識を失う。

はっと目を開けると、心配そうな表情の両親がこちらを見ていた。

「かえで！　かえで！　あぁ、本当によかった……！」

母に抱き締められても、私は茫然としたまま。何が起こったのか把握できていない。

「おかあさん……？　おとうさん……？　うっ……うわあぁあああああん！」

今まで我慢していた感情が爆発する。両親も一緒に泣いていた。

「あと一歩遅ければ、間に合わなかったかもしれない。本当によかった」

父母とは別の、見知らぬ人物がいることに気づく。

年齢的には六十代くらいの、背筋がまっすぐでどこか高貴な雰囲気のする白髪女性だった。

手には数珠を携《たずさ》えており、両手を合わせて念仏のような言葉を発している。

「後の処理はこちらで行います。おふたりは娘さんのケアをしっかりなさってください」

「本当にありがとうございました……！」

両親から何度も頭を下げられながら、年配女性は去っていく。

それからは埴輪に襲われることもなく、今回の恐ろしい体験も我々家族の中で「触れてはいけない話題」として扱われるようになった。

成人をすぎ、あの時の記憶も「悪い夢を見ていたのかもしれない」とまで思い始めた頃。

私は何げなく両親に埴輪の一件を訊ねてみた。

両親は一瞬表情を曇らせるが、少し考えた後で「そうだな、ちゃんと話しておくべきかもしれない」と覚悟を決めて語り始める。


父からツーリング途中で私が倒れた話を聞き、母は顔面蒼白になったという。

何故なら母も幼少期、似たような恐怖体験をしたのだとか。

母は元々が広島の生まれではなく、幼い頃は四国の田舎に住んでいたらしい。

周りが山に囲まれた小さな村で、至る場所に案山子《かかし》が並んでいたという。

そして毎年春が近くなると、村の中央部に位置する場所に人が集まり、それらの案山子を燃やす風習があった。

これは広島の〈とんど〉に似たものと思われる。

とんどとは一月の上旬から中旬にかけて広島各地で行われ、門松や注連縄といった正月飾りや、古いお守り・神札などをとんどの炎で燃やしてお焚きあげし、その炎で暖まりながら無病息災や大漁・豊作などを願う伝統行事だ。

けれど、その村の案山子焼きはとんどのような明るさはなく、どちらかといえば儀式のような雰囲気があったと母は語る。

そんなある日、母は案山子に名前を呼ばれる夢を見た。何げなく近づき、その案山子に触れた瞬間に母は身体を案山子に乗っ取られてしまう。

泣き叫んでいると一人の老婆がやってきて呪文を発し、案山子から肉体を取り戻してくれたのだとか。

その際、老婆から「虚像に問われても答えちゃなんね」と忠告される。

「話を思い出して、私はすぐにお婆ちゃんへ連絡したの。その村はもうなくなってしまったらしいけど、お祓いの力を継いだお孫さんがたまたま広島にもいると聞いて、すぐに来ていただきたいと頼んだの」

それが、目覚めた時にいた年配女性だった様子。

実際に案山子や埴輪といった「人を模《かたど》ったもの」には人身御供《ひとみごくう》の意味もあると聞いた。

そのため、悪霊と呼ばれる存在の器とされることもあるらしい。

話を聞き終え、私はかえでに訊ねた。

「今もその埴輪像は存在しているのか」と。

「いや、分かんない。私は、そんな体験をしてから現場に足を踏み入れてないから」

試しにネットで調べてみると……画像を発見。埴輪は実在したのだ。

「いやだ。私は見たくない、絶対に」

そう言ってかえでは顔を背けてみせる。

この埴輪像、いったい誰が何の目的で置かれたものか誰も知らないという。

噂では近くの佐伯運動公園付近で弥生時代の遺跡が発掘されたことから、それに関係しているのではないかと言われている。

画像を見つめていて、私はあることに気づいた。まず一点、かえでは埴輪像を赤茶色と言っていたが、写っている像は真っ白で台座が低いというかほとんどない。

さらに話では三体並んでいたと聞いたが、微笑みの表情を浮かべた一体しかいない。残りの二体は、どこに消えたのだろうか。

さらに詳しく調べてみると、ある人物のツイッターに行きついた。

そこにはさっき調べた時に出てきたのと同じ埴輪像が、根元の土台からぽっきり折られ倒されている画像だった。しかも最初に見た真っ白な埴輪ではなく、確かに赤茶色で高い台座に載っている。

元々はかえでの言う通り三体存在していたが、破壊されるなど様々な理由から一体ずつ消えていき、残った埴輪を真っ白く塗り替えた……ということなのだろうか。

ただの悪戯か、それとも……考察していると、隣にいたかえでに肩を殴られる。

「深入りすると、身体を乗っ取られるよ」

それは嫌なので、私はこれ以上首を突っ込まないようにした。

今も埴輪像は存在しているようなので、興味がある方は行ってみるといい。だが、あくまで自己責任で、とだけ言っておく。

八反坊《はったんぼう》

これは私がまだ大学を卒業して、さほど時間が経っていない頃の話である。

私の書く話でも常連の住職が広島へやってくるというので、駅まで迎えに行った。

「おう、トシ。久しいが元気だったか」

笑顔で肩を叩かれるが、屈強な肉体から繰り出されるせいで、もはや暴力だ。

やせ我慢して顔色を変えないまま、広島へやってきた理由を聞く。

「お前がよからぬことをしていないか釘を刺しに来たのさ」

そんな理由でわざわざやってくるはずがない。どうせ「仕事」だろう。

付け加えれば私が呼ばれたことにも、相応の理由があるはず。

「ほぉ、鋭いじゃないか」

顎先を擦りながら感心した様子の住職は「とりあえず移動しながら説明する」と言って、事前予約しておいたレンタカーショップへ向かって歩き始める。

途中で飲み物を購入して助手席で舌を湿らせていると、いよいよ本題が切り出された。

「今から依頼者と落ち合う。広島の大学に通う女性だ。しばらく前から体調に異変が生じ、病院で診てもらったが特におかしな点はないと言われたそうだ。辛い時には立っていられないほどで、大学も休みがちになってしまったことから心配した学友が見舞いに訪れた。そのうちの一人が顔を真っ青にして言ったらしい。『悪いモノが憑いている。放っておくと大変なことになる』と。怖くなった依頼者が色々と調べ回った結果、こちらへ連絡を寄越したのが経緯だ」

直接診てもいないのに、憑いているかどうかなど分かるのだろうか。

「少し思い当たる節があってな……」

住職は人望が厚く、全国津々浦々に友人や仲間、他にも仕事の関係で仲良くなった人達が大勢いる。私もその一人だが、マメな彼は日々そんな人達から情報を得ていた。今よりもまだネットで情報を得るのが難しかった時代の話である。

「以前、お前に育霊神社へ赴いた時の話をしたが覚えているか？」

衝撃的な内容だったので覚えている。岡山県新見市にある、全国でも有名な心霊スポットだ（詳しい内容は拙著『広島岡山の怖い話』にて）。

「マスメディアによって育霊神社は〈丑の刻参り〉のスポットに成り下がってしまった。だが全国には他にも丑の刻参りで有名な場所がある」

京都の貴船神社、愛知の東谷山展望台・尾張戸神社、そして岡山の育霊神社――。

「そして、広島の〈八反坊〉だ」

地元民だが、私は聞いた覚えがなかった。

どういった場所なのか、詳しく聞いてみた。

場所は、庄原市東城町粟田。そこに江戸初期、八反坊という年貢の割り当てを決める者がいた。八反坊は心優しい人物で、年貢に関する事柄で貧しい者の味方になっていた。それが庄屋の反感を買い、無実の罪を着せられた挙げ句、獄中で餓死させられたという。

八反坊は死ぬ前にこう遺言していた。「自分の墓を庄屋の家の見える丘に建ててほしい」

と。八反坊の願いは叶えられ、墓が建てられてからは庄屋の家で様々な不幸が重なり、ついには血縁者が絶えたのだとか。

「今でこそ八反坊は大願成就の神として崇められる守り神だが、その根底は祟り神なのさ」

つまり、毒にも薬にもなると。

「そういうことだ。依頼者は頭部や心臓、眼球、腹部と人間の急所となる箇所を太い針で突き刺されるような激痛に襲われているらしい」

まさか、丑の刻参りの呪いにかけられている……？

「そう思ってな。俺のつてで近隣の住民に聞いてみた。案の定、八反坊から深夜に得体の知れない物音が聞こえるという噂が出ていた。住民が音がした翌朝に訪れてみると、祠の傍らにそびえる巨木に藁人形が突き刺さっていたらしい」

気味が悪い。ちなみに藁人形は今も刺さったままなのだろうか。

「流石に放っておけないので、抜き取ってお焚き上げをしたらしいが」

だとしたら、呪いは解けているはずでは？

「一体だけならな。見つかっていないだけで他にもあるやもしれんし、彼女を狙った藁人形だとも断定できん。そもそも丑の刻参りが原因ではないのかもしれん」

そこは確かにはっきりとさせておいたほうがいいと思う。依頼者の不安を取り除くことで体調が良くなるかもしれない。

……だが仮に藁人形を発見したとして、それを調べれば相手の素性や呪いの対象を把握できるのだろうか。

「難しいな。まさか警察を呼んで指紋だの何だのを鑑定してくれとは頼めんからな」

では、犯人を放っておくしかない？

「犯人が八反坊へ戻ってくる可能性はある。現場を押さえれば言い逃れもできんだろう」

丑の刻参りは書いて字の如く深夜に行うものだ。それまで時間を潰す必要がある。

「こちとら警察じゃないんだ、犯人を捕まえるつもりはない。やるべきことは、呪いがかかっていれば解く。それだけさ」

確かに、と私は納得する。

「——よし、ここが依頼者との待ち合わせ場所だ」

安芸郡坂町の、とある公園。そこに一人の女性が立っていた。彼女が依頼者だろう。

「御連絡いただいた、吉竹さん……ですよね？」

「……あ、はい……」

「お待たせしてしまい、申し訳ありません」

「いえ、こちらこそわざわざ来ていただいて……」

深々と頭を下げる吉竹さん。こちらの第一印象としては、顔色が悪く、今にも倒れてしまいそうに見えた。

「打ち合わせの通り、これから八反坊へ向かいます。乗ってください」

彼女は「失礼します」と言って後部座席に座る。

「こいつは今回、除霊の手伝いをしてもらう……まぁ助手みたいなモンです」

おざなりな紹介をされ、私も挨拶を行う。

「あの……よろしく、お願いします」

住職はカーナビ操作を行いつつ、吉竹さんに質問をする。

「依頼のきっかけは、御友人からお祓いをしてもらったほうがいいと勧められて、でしたよね。その方は、どんな人ですか？」

「そこまで仲が良い訳ではなく、友達の友達って感じで……何でも小さい頃から霊感が強く、他の人には見えないものが見えたりしていたようです」

「なるほど。所謂、視える人という奴ですか。トシと同じだな」

そういう話の振られ方をされると、何と答えるべきか悩んでしまう。

「呪われる原因や、思い当たる節は一切ないということですよね」

「は、はい……身に覚えは全くなくて……」

「ここ最近で、何か変化などありましたか？」

「……母が亡くなったこと、でしょうか……」

聞くと吉竹さんの実家は奈良にあるらしい。

「何か病気でも患って……？」

「心筋梗塞だと聞かされました。父のいない私を女手ひとつで育てただけでなく、叔母と貴金属買い取りの店を経営していましたから。働きすぎたのかもしれません」

親孝行をする前に家族を亡くすのは、余りに辛い。

「追い打ちをかけるように、母の死と大学受験日がぶつかってしまって……メンタルはボロボロで、第一志望も落としてしまったんです。このまま母の会社を継ごうと思いましたが、叔母の勧めで広島の大学を受けて合格、住む場所まで面倒見てもらって。本当に感謝しています」

お母さんの分も、叔母さんに孝行できればいいですねと言うと、彼女は微笑みながら頷く。

「奈良、か……」

良い話に落ち着く中、住職だけが眉根を寄せている。いったいどうしたのだろうか。

「いや、ただの思い過ごしだ。気にしないでくれ」

車は中国道の東城インターから一般道へ。周囲が山しか見えなくなった頃、住職はおもむろにカーナビを消す。

「ここから先はナビも表示されないから、意味がないんだ」

とんでもない場所に向かっているのではと不安に感じる。それは後部座席の吉竹さんも同じ思いだろう。

しばらくすると車は停まった。シートベルトを外しながら住職が「ここから歩くぞ」と言い始める。覚悟していたつもりだが、やはり登山となるらしい。

山道を進むと、複数の石が並んだ場所を発見。もしや墓なのだろうかと思ったが、前を歩く住職は気づいていないのかそのまま進んでいくので私も指摘はしなかった。

「見ろ、八反坊の看板がある」

言われる通り、看板には八反坊と書かれており矢印が付いていた。けれど樹々が立ち並ぶだけで、それらしきものは見えない。

「もうすぐ、この先だ」

尚も山の斜面を上がっていく。すると唐突に祠が姿を現した。

「これが……八反坊……」

息を切らせながら吉竹さんが呟く。

私が想像していたよりも、祠はずっと小さかった。積み上げた石段の上にちょこんと置かれ、失礼ながら少し大きな鳥小屋のような印象。

けれど特別な感じはした。空気が一気に冷え、外界の音が遮断されているような感覚。怖いとまでは言わないが、妙な緊張に身が引き締まる。

「トシ、準備をしろ」

私は住職が事前に用意した道具を出していく。線香に火を灯し、吉竹さんに数珠を渡す。水筒の水を周囲に撒き、全員の手を清める。

「吉竹さんは祠の前へ。私の合図が出るまで、絶対に目を開けないでください」

「わ、分かりました……」

住職のお祓いが始まった。真剣に吉竹さんから悪いモノがなくなるよう祈る。

時間にして十分程だろうか。住職から合図が出て目を開けた。心配になって横の吉竹さんを見ると、彼女はぽろぽろと涙を零しているではないか。

「あ、す、すみません……何故か分かりませんけど……涙が」

持っていたポケットティッシュを渡すと、彼女は「ありがとうございます」と言って受け取った。

「少し、周囲の様子も見ておくぞ」

何か見つけたら報告すると決めて、各々が散策を開始。

するとすぐに住職から「おい、こっちだ」と声を掛けられる。

慌てて私と吉竹さんが住職の元へ向かうと、そこには……。

「釘だな。しかも、あちこちにある」

地面に釘が散乱していた。近くの樹をよく観察すると、小さな穴も見つかる。

「もしかしたら当たりかもしれん」

その後、下山した私達は坂町の役場へ向かった。「後のことはこちらでするから、少しの間待っておけ」と言われたので車で吉竹さんと待機しておく。

「住職さんとは、知り合って長いんですか？」

助手席から質問が飛んできたので私は答える。大学時代は時間を持て余して心霊スポットを巡り、呪いにかかっては住職に祓ってもらったと。その度に本気で叱られ、時折殴られもしたと話す。

「駄目じゃないですか、人に迷惑をかけたら」

おっしゃる通りなので、何も言い返すことができない。

「気のせいかもしれませんが、何だか肩の荷が下りた気がします」

本当に呪いはあったのか、それを解くことができたのかは分からないが、少しでも気持ちが軽くなったのなら価値はあったと思う。

「広島には大学が決まって初めて来たんですけれど、最初は怖いイメージがありました。何ていうか、こう……ヤクザとか、暴走族とか……あ、ごめんなさい」

故郷を悪く言われて気分を悪くさせたと思ったのだろうか。突然謝られ、私も「気にしないでください」と伝える。実際、そこまで見当違いではない面もある。

「眠っていても騒音が聞こえたり、帰り道で追いかけられたり……本当に一人でやっていけるのかも不安で、毎日お世話になっている叔母と電話をしました。遠いのに、わざわざ私の様子を窺いに来てくれたりもして……本当に感謝しています」

味方がいてくれるのは心強いものだ。見知らぬ土地、初めての一人暮らしに不安はつきもの。しかし少しずつ思い出を作っていけば、きっと気に入るはず。

「……ですよね。ありがとうございます」

そんな話をしていると、唐突に運転席の扉が開く。住職だ。

「とりあえず警察にも報告して、近隣の見回りを強化してもらうよう頼んだ」

「何から何まで、すみません」

「いやいや、できる限りのことをしているまでだよ」

時刻も夕方に近づいていたため、吉竹さんの住むマンションまで送ることとなった。

「住所はどこ？　カーナビに入力するよ」

「えっと、北新地になるんですけど……」

横から話を聞きながら、私は何か引っかかる。それが何なのか、その時点では分からなかった。けれど、目的地に到着してはっきりする。

「ここです、このマンションの四階で……」

建物は七階建てと大きく、まだ真新しい感じがするのだが――それを見た瞬間、私の背筋に痺れが走った。

「どうしたんだ、トシ？」

住職が不思議そうな顔を向ける。私はカーナビに表示された住所と、実際に建つ建物を見比べて確信してしまう。

ここは広島でも知る人ぞ知る——幽霊マンションだ、と。

「幽霊……マンション……？」

「とりあえず近くまで向かおう」

駐車場に車を停めて、私達はマンションの玄関に立つ。そこまで来てようやく住職も何かに気づいた様子。

「……確かに、ここは……建物もそうだが、全体的な雰囲気に違和感がある……何故だ？」

私も噂で聞いたことがある。昔はこの一帯が海であり、かなり無茶な土地開発を施されたとか。少し先には使わなくなったトンネルがあり、心霊現象が多発しているという話もある。

「調べてみるか……とりあえず今は、このマンションだ」

もしよければ吉竹さんの部屋を見せてもらえないか頼むと、あっさり了承された。

「こっちです……どうぞ」

四階の部屋に入った瞬間、異様な圧迫感を覚える。女子大生の部屋っぽさはなく、端に置かれた観葉植物は枯れてしまっている。

「毎日、水や肥料を与えていたのですが……」

住職は葉や土の様子を、私はカーテンと窓を開けて外の様子を確認した。

「吉竹さんの友達は、悪いものが憑いていると言ったんですよね」

「あ、はい……そうです」

「どうやら我々は、とんだ勘違いをしていたのかもしれません」

「勘違い、というのは……いったい」

住職は、こう言いたいのだ。呪われているのは、吉竹さんではない。

このマンションなのだ、と——。

「そ、それって……どういう……」

「確証を得るために、これから調べていきます」

住職の指示を受け、私も動くことにした。


時計の短針は真上をすぎようとしている。すっかり遅くなってしまったが、私達はファミレスで夕飯を取りながら集めた情報を提示していく。

まず吉竹さんの住むマンションだが、私も噂で聞いていた通り、近隣では「幽霊が出る」と有名なスポットらしい。住民の目撃談では、深夜に子どもが廊下を徘徊しており、しばらくすると煙のように消えたというものや、屋上から飛び降りる人影が見えたものなど様々。影響はマンションだけに留まらない。近くのカラオケ店はマンションから一番近い個室でよく怪奇現象が起こるらしく、あまり客を通さないよう店長から言いつけられているほどだとか。

吉竹さんもマンション内で騒音が聞こえたり追い掛け回されたりしたと言っていたが、もしかするとそれも心霊現象だった可能性もある。

「だがマンション内で人が亡くなったという事実はないそうだ。ではどうして霊が集まってしまうのか……その原因はこれだ」

住職が取り出したのは、古い地図のコピー。

「マンション一帯は海だったという噂は本当らしい。建物の裏手が崖で、昔は多くの者達が飢餓や病気に耐えられず自死を選び、海に飛び込んだそうだ」

そんな死者の呪いが、現在でも近隣に留まり、霊障を引き起こしているのではないかと住職は言う。

「じゃあ、八反坊は、関係なかったということでしょうか……？」

「吉竹さんの故郷である奈良県に、二上神社という場所があります。聞いたことありますか？」

「いえ、初めて聞きます」

「二上山の頂上付近にある神社で、そこも丑の刻参りが有名なのです」

「……えっ……」

「八反坊、二上神社、謎の死を遂げたお母様、そして幽霊マンション……余りにも偶然が揃いすぎていると思いませんか？」

「それって、どういう……」

「これらが偶然でなく、すべて何者かの思惑によって手引きされているとすれば――」

彼女は最初に言っていた。いったい誰が、マンションを見つけて契約したのかを。

「……叔母、です……」

唇を震わせながら、吉竹さんは答える。

「で、でもおかしいです。叔母は、そんな人じゃありません！」

「トシから聞いたのですが、よく電話が掛かってきたそうですね。わざわざ様子を窺いに広島へ来ることもあったとか」

「は、はい。私の心配を誰よりもしてくれて……」

失礼ながら、それは本当に心配をしていたのだろうか。

もしかすると、呪いをかけた吉竹さんの様子を窺っていたのでは……。

「……そんなこと……」

「気を悪くさせて申し訳ない。あくまで可能性のひとつとして耳に入れてほしかったのです」

亡くなった吉竹さんの母は叔母と二人で貴金属買い取りの会社を立ち上げたと聞いた。会社を自分のものにしようと考える叔母が、二上神社で丑の刻参りが有名だと知る。最初は半信半疑だったが、実際に試してみると驚くべきことに邪魔者が心筋梗塞で亡くなった。

これで経営は自分の思うままにできると喜んだ矢先、その娘が跡を継ぎたいと言い始めてしまう。焦った叔母は大学進学を勧め、卒業までに母親同様亡き者にしてしまえばいいと考えた。丑の刻参りの呪いは証拠を残さない、仮に問題が生じたとしても、自身の手を汚した訳ではないので捕まらないと踏んで。

呪いに大きな力があると知った叔母は、丑の刻参りだけでは心許ないと感じ出した。考えた結果、呪いのマンションが広島にあることを知った――。

「……ただの予想、ですよね……？」

「叔母さんと電話をした際、大学の話を聞かれましたか？　普通なら勉強はどうかや友人はできたか、一人暮らしの様子など聞くのが一般的です」

だが相手が呪いの対象者だとすれば、そんな話など一切興味がない。身体の様子はどうか、呪いはちゃんと効いているのか、それさえ聞ければいいのだから。

「…………」

吉竹さんは答えない。我々の指摘が当たっている証拠だ。

「叔母さんに除霊の話を行いましたか？」

「して……いません……呪いの話なんて……心配を、かけてしまうから……」

そんな話をしていると、突然吉竹さんの携帯電話から着信音が鳴り響く。彼女は連絡相手を確認してカチカチと歯を震わせる。

もはや誰から電話が掛かってきたかなど、聞くまでもなく分かった。

「……叔母さん、ですね？」

住職の問いに返答はなかったが、構わず「電話に出てください。途中で代わります」と伝える。

ステレオ設定にした後、通話のボタンを押す。電話先から女性の声が聞こえてきた。

『もしもし？　すぐに電話出なかったけど、どうしたの？』

「……あ、ごめんなさい……体調が悪くて……ずっと寝てて……」

『体調が？　あらぁ、そうなの？　他には？　どこか痛い場所とかある？』

声のトーンが一音上がった気がする。相手に対して不信感を募らせているからか、とても姪っ子を心配している感じには聞こえない。

「…………」

『どうしたのよ、黙っていたら分からないじゃない。こっちはどう辛いのかを聞いてるの。もしもし？　もしもし！』

「――っ……うぅ……ぅ……」

泣き出してしまう吉竹さんに代わって、住職が喋り出す。

「吉竹さんの叔母様で間違いありませんか？」

『は？　誰よアンタ。何で男の声が聞こえるのよ』

住職は事の経緯をすべて話した。吉竹さんの友人から呪われているので祓ったほうがいいと忠告されたこと。依頼を受けて住職が広島に出張し、八反坊にて除霊を行ったこと。その帰りに彼女の住むマンションが心霊現象の多発することで有名な場所であると判明したことなど、すべて。

「ひょっとして貴女が画策したことなのですか？」

『不躾《ぶしつけ》に何を言い出すのかしら。名誉棄損で訴えられたいの？』

「とんでもない。戯言だと思っていただいて結構。ただ一点、お伝えさせてください」

咳払いをひとつした住職は、はっきりとした口調で言い放つ。

「不調の原因が呪いであれば、私は何度でも除霊します。絶対に彼女を不幸な目に合わせませんので、御安心ください」

『……好きにすればいいじゃない』

それだけ言うと、電話は切られてしまう。

今も隣で涙を流す吉竹さんに、私も「大丈夫ですよ」と伝える。

住職が嘘をついたことなんて、私の記憶では一度たりともないのだから。


その後、住職はマンション管理者と除霊の話を進めようと試みるも、連絡が取れなかったらしい。仕方ないので吉竹さんの部屋だけに除霊を施すと、深夜の騒音や身体の重さが嘘のように消えたという。

何より驚かされたのは、吉竹さんから「大学を辞めます」と報告を受けたこと。

どうしてそのような決断を下したのか訊ねてみた。

「海外へ留学しようと思っているんです。経済学や経営学を学んで、母が築いた会社を私がお婆ちゃんになっても残しておきたくて」

叔母も、そのまま会社に残すつもりなのだろうか。

「勿論です。私だけの力ではどうにもなりませんし。これから会社はどんどん大きくなっていくと思いますので、人を呪う暇なんかなくなると思いますよ」

そういう彼女は、最初に会った時より強くなった印象を持つ。

今回の件を振り返りながら、住職と電話で話をした。

『試練は人を強く成長させる。それを乗り越えた吉竹さんは、きっと母親以上の功績を世に残すだろう』

それにしても、想定外の出来事が多すぎた気がする。普段運動をしない自分が苦労して山道を登り、ようやく除霊完了と思いきや新たな心霊スポットに遭遇するなど、とんでもない話だ。

『生きていれば色んなことが起こるからな。お前にとって良い勉強だったと思うぞ』

最初にしっかりと調査を行い、呪いの出先が幽霊マンションだと分かっていれば、わざわざ八反坊へ向かう必要もなかったのではないか。

『八反坊から得体の知れない物音が聞こえるという話は聞いていたので、都合が良かった。役場にも報告を終え、事態は収束したのだからな』

……それはつまり、住職が受けたふたつの依頼を無理やりこじつけた？

『二上神社も八反坊も丑の刻参りのスポットであることは変わりないのだから、吉竹さんの具合が悪くなった原因と無関係とは言い切れないだろう？』

無理やり言いくるめようとしている感じが否めない。せめて事前にどのような依頼があって、どこの現場へ赴くのかを伝えてほしいものだ。いつも直前になって姿を現し、こちらの承諾も得ないまま物事を進めてくるので流石に肝を冷やす。

『何を言っているんだ。きちんと会った際、説明したぞ』

説明をした？　一生懸命思い返してみるが、全く思い出せない。

『釘を刺しに来た、ってな。ガハハハハハハ！』

……。

イラッとした私は無言で電話を切り、物騒なことを考える。

今度の休み、ホームセンターで釘と金槌を買って八反坊へ向かおうと。

あとがき

前作『広島　岡山の怖い話』を出版するに当たって感想を求められたら「難産でした」と答える。それに対して今作の『広島怪談』は正に帝王切開だった。

事件ものは、とにかく触れてはならない部分が多い。多すぎる。まえがきに『曰く付き』と書かせてもらったが、正に世に出してはならない闇の部分に足を踏み込んでしまった故、ボツとなった話をまとめれば一冊の本が完成しそうな勢いである。

それでも私の無理難題を担当者が通し、仕事仲間や友人、家族の協力を経て書籍生みの親である私は命を落とすことなく出産……もとい出版にこぎつけることができた。本当にありがとうございます。

著者紹介にも書かれている通り、私は広島で書店員をしている。他の業種同様に本屋業界も厳しい状況に置かれている。入荷数は激減、人件費も出ない、次々と畳まれていく他店舗や別会社を横目に戦々恐々とする日々。

それでも心を揺さぶられる本は発売され、退屈な日々に活力を与えてくれる。来店されるお客様から感謝の言葉を受け、喜びを与えてくれる。

ネット販売や電子書籍によって書店の存在価値も薄れてきていますが、私にとって書店は心の拠り所と言っても過言ではない。

そんな場所に自身の拙い書籍が並ぶことは、今でも夢のようだと思う。

ごく稀に私の本をレジへ持ってきてくださるお客様もいる。気恥ずかしさから思わずネームプレートを隠しそうになりながらも、心の中では感謝の五体投地をしている。

ものを書き始めた頃から掲げている「読者の記憶に残る作品を世に出したい」気持ちは、当初より強くなっていると思う。その目的達成のために私はまた危険な場所へ赴き……住職からお叱りを受けるのだ。申し訳ない。

改めまして謝辞に移らせていただきます。

まずは竹書房の皆様、ありがとうございます。次作でも尽力させていただきますので、今後ともよろしくお願い致します。

全国書店員の皆様、明けない夜はありません。ともに頑張りましょう。
半ば無理やり協力してくれた友人一同、今度缶ジュース奢ります。
最後に一番の協力者であります家族と、本書に手を取っていただいた皆様へ。
心からお礼申し上げます。ありがとうございました。

岡　利昌

広島怪談

2022年10月6日　初版第一刷発行

著者……………………………………………………………………………… 岡 利昌

カバーデザイン……………………………………………… 橋元浩明（sowhat.Inc）

発行人……………………………………………………………………………後藤明信

発行所………………………………………………………………………株式会社　竹書房

〒102-0075　東京都千代田区三番町8-1　三番町東急ビル6F

email: info@takeshobo.co.jp

http://www.takeshobo.co.jp

印刷・製本……………………………………………………………中央精版印刷株式会社
